3分間のクリアリングでキレイになる！

おうちにいながら大自然とつながる
ハワイアンペレズメソッド&エクササイズ

Hawaiian Pele's Methods & Exercise

宮田多美枝・著

Tamie Miyata

Hawaiian
Pele's Methods
& Exercise

Contents

Chapter2

クリアリング応用篇

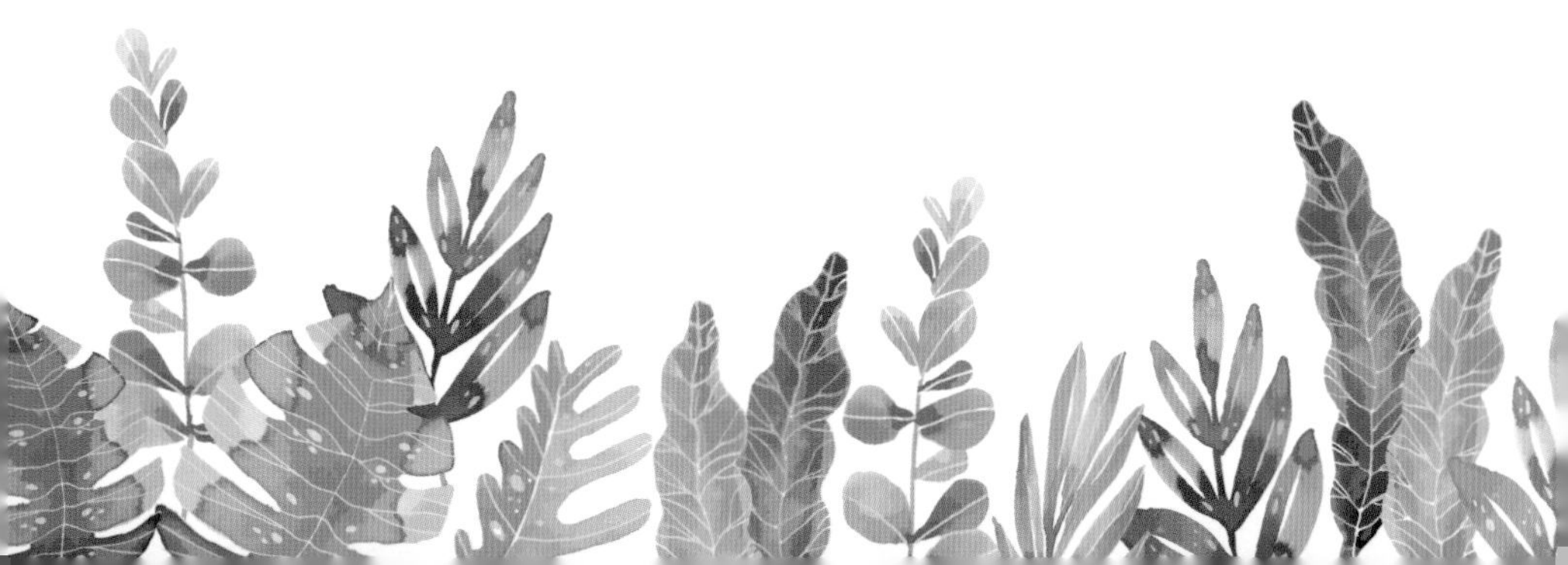

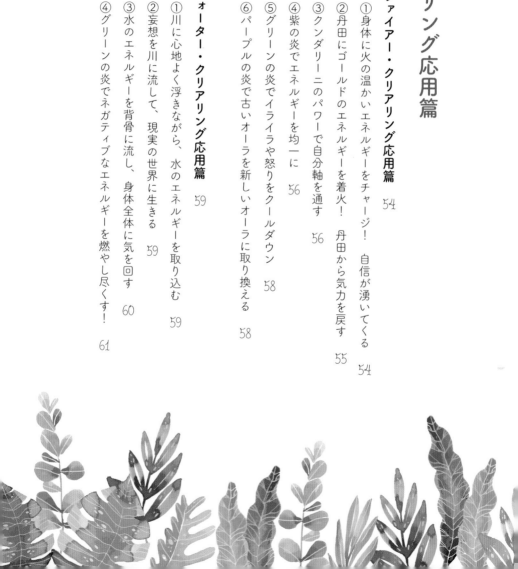

Chapter 4

ペレ様直伝・美と開運のエクササイズ

Chapter5

もっと魅力的な女性になるために
～ペレ様からの8つのLesson～

Prologue

さあ、目を閉じて、南の島を思い浮かべてみてください。
これまで行ったリゾートの思い出のシーンを思い出してみてください。
たとえば、目の前に広がる青い水平線。
心地よく耳に響いてくるさざ波の音。

鮮やかな緑が生い茂るジャングルの中に響き渡る、
トロピカルな鳥の鳴き声。

キラキラ輝くまぶしい太陽と肌にそよぐ海風を感じながら、
ベランダでいただく搾りたてのジュースに、
新鮮なフルーツを添えたパンケーキのブランチ……。

夕暮れのサンセットの時間になると、どこからともなく漂う、
うっとりするような甘いジャスミンの香り。

そんなリゾートを思い出すと、
楽しかったバカンスの日々が
よみがえる人もいることでしょう。
リゾートの旅で得られるのは、非日常な解放感に、
心と身体のリフレッシュ&リラックス。
都会の生活で疲れ気味だった日々に、
再び湧き上がってくる生命力と明日を生きるエネルギー。
自然がたっぷりの場所は、
本当の自分が取り戻せる場所です。

中でも、ハワイは日本人にとって、
最も親しみやすいリゾートアイランドの1つ。
でも、そんな自然がたっぷりの場所へ、
今すぐ飛んで行きたくても行けないときもあるもの。

実は、そんなときでも、
あなたは夢のリゾートに一瞬でワープできるのです！
たとえおうち時間でも、
あなたはハワイと一瞬でつながるのです！
自然とつながったあなたは、
たった3分間のクリアリングを行えば、
心と身体もすっきりデトックス。
さらには、ハワイの女神ペレ様が教えてくれる
美の秘訣と叡智《えいち》が詰まったエクササイズで、
もっと魅力的な女性にもなれるのです！

さあ、今すぐここから、ペレ様に会いに行きましょう！
ハワイへの旅は、マイルームからはじまります。
クリアリングで本当の自分に出会いながら、
ペレ様に負けない美しさと魅力を手に入れましょう！

Chapter1

ペレ様が教えてくれるクリアリング

自然の中へ出かけると、
気分はすっきりリフレッシュ！
アウトドアの開放感に気持ちがアガるだけでなく、
いつの間にか、抱えていた悩み事なども
すっかり消えていることに気づいたりするもの。
出かける前は、日々のストレスや疲れから
ちょっぴり重かった心と身体も、
気づけばなんだか軽くなっていて、
リラックスできていたりするのです。

それは、なぜでしょうか？
そこにクリアリングの秘密があるのです。

自然の中でリフレッシュするのはなぜ？

自然の中でリフレッシュできるのは、なぜでしょうか？

さわやかな風が気持ちよかったから？

太陽の光がぽかぽかと暖かかったから？

大地を踏みしめて歩いたことが、いい運動になったから？

萌《も》えるように繁る鮮やかな緑や美しい花々に出会えたから？

さらさら流れる小川の水が透明で澄んでいたから？


それらのすべてが正しいと言えるでしょう。

自然の中に出かけて、なんとなく心地よさを感じるとき、あなたは心も身体も丸ごと「クリアリング」されているのです。


では、〝クリアリングされる〟とはいったいどのような状態を指すのでしょうか？

たとえば、あなたは8～15ページにある写真を見て、何を感じましたか？

「キレイな景色だな……」

「なんとなく癒される」

「ワクワクしてくる。いつか、こんな所に行きたいな……」


実は、そんな感覚を覚えただけでも、あなたのクリアリングは、すでにはじまっているのです。

クリアリングとは、「クリア」という言葉から、「キレイにする」「すっきりさせる」「透明感がある」「掃除する」などというイメージが伝わるかと思いますが、一言で言えば、「あなたを浄化して、本当のあなた自身に戻す」ことがクリアリングです。


また、あなたが自然の中に出かけるとクリアリングされるのは、あなたもまた、自然の一部だからです。

あなたは〝自然〟と言うと、普通なら海や山、森、川、樹木や果実、草花などを思い浮かべるかもしれません。

でも、私たち人間も地球上に存在する宇宙の万物の創造物である、という意味において、自然の一部としての存在なのです。


一方で、都市や街、ビルディング、ショッピングセンター、道路、電車、車、住宅、パソコン、携帯電話、キッチン用品から家具などの生活用品まで、私たちの生活を取り巻くものは、中には天然素材のものがあったとしても、そのほとんどは工場で生産された人工的なプロダクトばかり。

言ってみれば、私たち人間も自然から成る存在でもあるのに、現代のライフスタイルの中では、ありとあらゆる人工物に囲まれて生きている、ということになります。

実は、自然の摂理において、そんな生き方はとても不自然だったりするのです。

だから私たちは、人工的なモノに囲まれた環境の中で日々を過ごしていると、心と身体のバランスを崩してしまうのです。

さらには、そんな暮らしが何年も、いいえ、何十年も続いてしまうと、身体にも目に見えた不調が起きてしまいます。

それもクリアリングがしっかりとできていないと、さらに取り返しのつかないことになってしまいます。

では、クリアリングとは自然の中へ出かけないと叶わないものなのでしょうか？

いいえ。

クリアリングはそのコツさえ覚えれば、あなたは都会にいても、自宅にいても、いつどこにいたって可能なのです。

それも、たったの3分間という時間さえあれば、クリアリングはできるのです。

それでは、まずは、「クリアリングとは何か」という基本からお話ししていきましょう。

ペレ様流クリアリングはオーラからクリアにしていく

クリアリングとは、「あなたを浄化して、本来のあなた自身に戻す」とお伝えしましたが、その方法にはいろいろなメソッド（方法）があります。

そこでこの本では、私がハワイに何度も通い、ハワイの女神であるペレ様から学んだペレ様流のクリアリングについてお伝えしていきたいと思います。

基本的にペレ様流のクリアリングとは、「その人のオーラについた汚れや歪みを調整していく」ということです。

あなたの心と身体の状態は、あなたのオーラの状態がそのまま反映されている、と言っても過言ではないほどオーラはあなたに大きな影響を与えているのです。

では、オーラとは何でしょうか？

オーラとは、すでにご存じの人も多いと思いますが、それは「私たちの身体の周囲に存在するエネルギーフィールド」のことです。

また、オーラとは「その人が1個の生体として発している霊的なエネルギー」でもあると言えるでしょう。

オーラの中には、その人に関するすべての情報が入っています。

たとえば、その人がこれまでどんな生き方をしてきたのかという過去の情報や、その人がどのような性質を持ち、どんな感情で生きているのか、ということなど。

また、その人が何かアクションを取る際には、どのような傾向があるのか、という性質までわかるのです。

オーラを診断する「オーラリーディング」というセラピーやヒーリングなどもありますが、オーラを見ることができる人にとってみれば、オーラにはその人のすべてが現れているのです。

「あの人はオーラがあって輝いているね！」
「彼は、カリスマっぽいオーラを出している」
「あの人は、なんだかオーラが暗いというか、影が薄い感じがする……」

などと、私たちはたとえオーラが実際に目に見えなくても、その人の雰囲気をオーラという言葉を使いながら表現したりしているものです。

そして、実際にその表現はその人のことを言い得ていたりするのです。

オーラは、あなたの内側にあるものが、外側にエネルギー体として放射しているもの、だと考えてください。

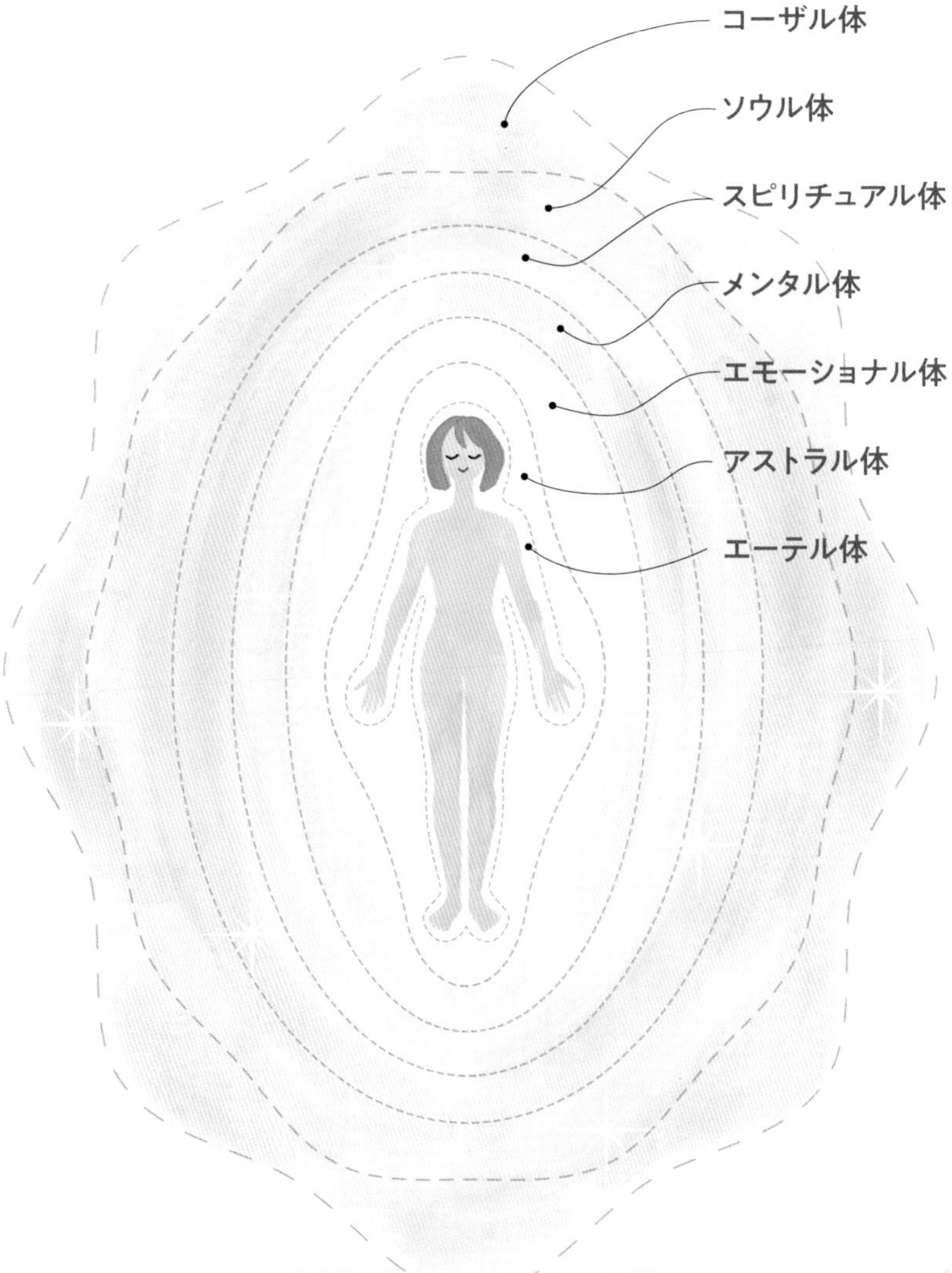

人体を取り巻くオーラのエネルギー層

ではここで、オーラについて少し専門的なご説明をしておきましょう。

オーラはそれぞれ違う種類のエネルギーの層が身体を取り囲み、人体に近い順から①エーテル体、②アストラル体、③エモーショナル体、④メンタル体、⑤スピリチュアル体、⑥ソウル体、⑦コーザル体の7つの層から成っています（層の数や扱い方などは、各メソッドの考え方により違いがあり）。


オーラの各層のエネルギーは下記の通りです。


オーラには、こんなふうに想像以上にたくさんの情報がぎっしりと詰まっているものなのです。

オーラはその人のすべてのデータの貯蔵庫であり、また、その人の生き方や在り方次第で、データも常に入れ替わり変化しています。

つまり、オーラが整っていていい状態の日もあれば、悪いデータが侵入してきてオーラが汚れた

オーラの各層のエネルギー

第1層 エーテル体

肉体のすぐ外にあるオーラの第1層で、身体から5～10センチの幅で身体を取り巻くエネルギー体。主に肉体的な情報が入っており、肉体を守る役割も担う。肉体からの情報がにじみ出ている層。

第2層 アストラル体

感情の喜怒哀楽などの変化を表し、その人の感情の在り方を伝える層。本人が上手く感情表現ができないと、感情のエネルギーが蓄積して、重たく暗いオーラになってしまう。

第3層 エモーショナル体

性格や性質、人格につながるオーラ。両親や祖父母など血縁から続く考え方の刷り込みや、経験や環境から学んだ思考パターンがベースになる。思考や信念の在り方が肉体に反映される。

りしてしまっている場合もある、ということです。
そんなときは、オーラを調節していく必要があります。
つまり、クリアリングとは簡単に言えば、「オーラをキレイにしていくこと」、でもあるのです。

ちなみに、オーラを表現するときはよく、「〇〇色をしている」とか「キレイな色のオーラ」など〝色〟をベースにしてオーラの状態が語られることが多いのですが、私の場合は「オーラの形」でオーラの良し悪しを判断しています。
たとえば、オーラの状態が良い人は、その人の身体にキレイに沿った円を描く形のオーラになります。
一方で、オーラの状態が悪いとオーラがゆがみ、キレイな曲線を描かずにデコボコとヘンな形をしたオーラになっています。

また、オーラは身体を取り巻く際に、身体から

第4層
メンタル体
第1層から第3層までをまとめた層。第1層から第3層までの肉体的な情報と、第5層から第7層までのスピリチュアルな層をつなぐ層。いわゆる、その人の第一印象を表現する層でもあり、周囲の雰囲気の影響もこの層で受け取る。天体からの見えない光の素粒子の影響も受け取る層。

第5層
スピリチュアル体
未来に起こる肉体的特徴の情報が入っているため、この層に問題の情報があると、未来に何らかの肉体的疾患が現れる。第5層のエネルギーが第1層まで浸透していく時間が、その情報が肉体に反映される時間になる。

第6層
ソウル体
喜びや楽しさなどのポジティブなエネルギーを流動させる他、無条件の愛の領域へもつながる。その人の存在そのものやスピリチュアル性を表現する。この層のエネルギーの在り方次第で、ハイヤーセルフとのつながりやすさにも関係する。

第7層
コーザル体
信念体系や神、魂とのつながりを表す。その人が今回の人生で成し遂げることなど、今後の未来についての情報も入っている。アカシックレコードの情報がこの層にあたる。高次元のエネルギーとのつながりも持ち、オーラの外側を守る役割もある。

全体的に均一の幅で発している状態が良いとされています。

けれども、オーラの幅も身体の位置によって違うとやはり良い状態のオーラとは呼べません。

たとえば、身体から最も近いエーテル体の場合、もし、身体の左側は5センチの幅だとしても、右側が10センチの幅になっていると、やはりオーラのバランスが取れていないことになります。


こういったオーラの形のゆがみや幅の調節などを行うのがオーラを整える、という作業であり、それはイコール、クリアリングを行う、ということでもあるのです。

もちろん、あなたがクリアリングを行う際には、オーラが実際に目に見えなくても大丈夫です！

オーラに影響を与えるのはチャクラ

では、オーラの状態にダイレクトに影響を与えているのは何なのでしょうか？

それが、人体にあるエネルギー・センター、「チャクラ」と呼ばれる場所です。

チャクラとは、身体のエネルギーラインに沿って第1チャクラから第7チャクラまであるスポットで、各々のチャクラではそれぞれ種類の異なるエネルギーが出入りしています。

それぞれのチャクラの位置と役割・特徴などは次の通りです。

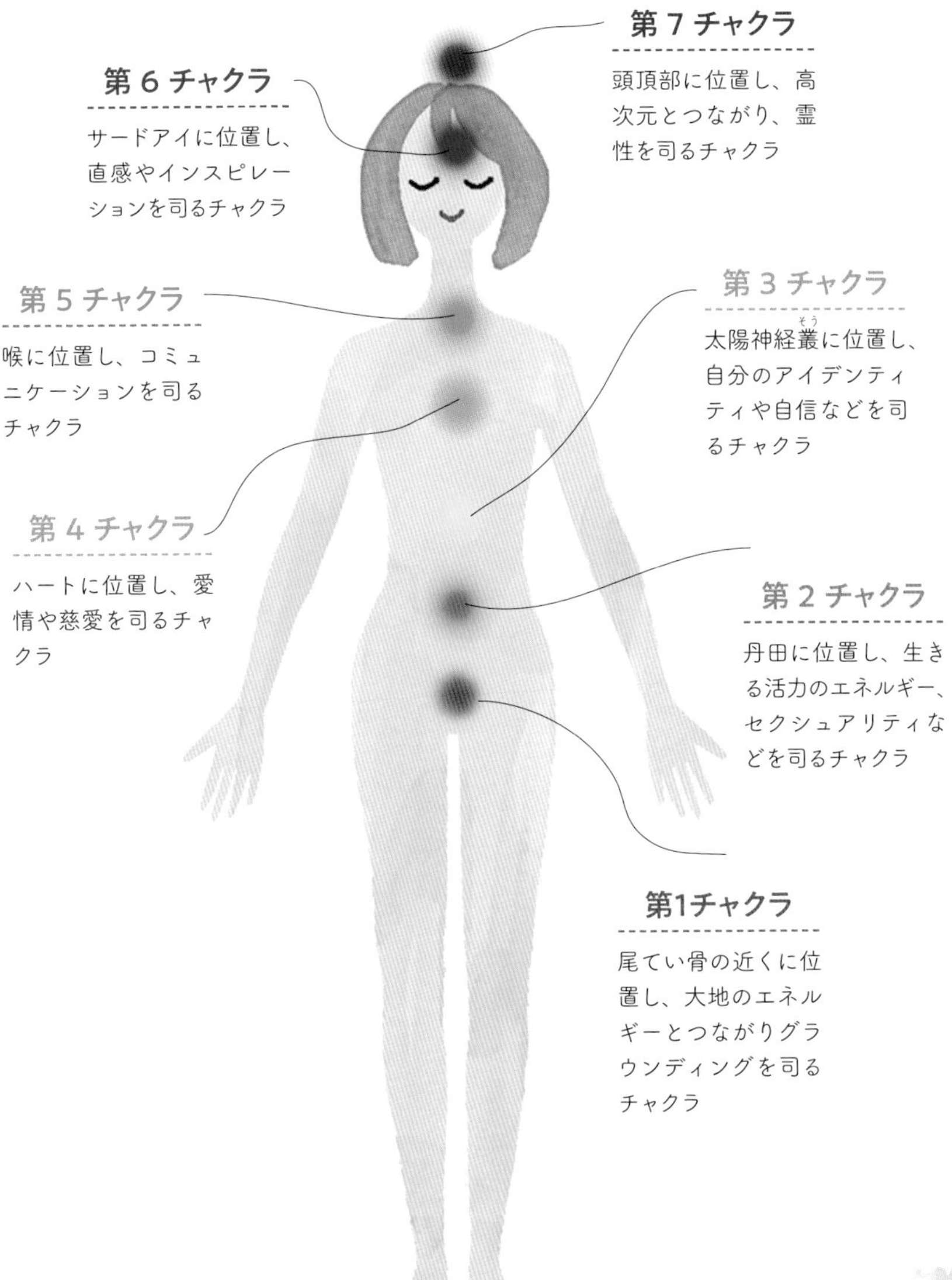

第7チャクラ
頭頂部に位置し、高次元とつながり、霊性を司るチャクラ
第6チャクラ
サードアイに位置し、直感やインスピレーションを司るチャクラ
第5チャクラ
喉に位置し、コミュニケーションを司るチャクラ
第3チャクラ
太陽神経叢《そう》に位置し、自分のアイデンティティや自信などを司るチャクラ
第4チャクラ
ハートに位置し、愛情や慈愛を司るチャクラ
第2チャクラ
丹田に位置し、生きる活力のエネルギー、セクシュアリティなどを司るチャクラ
第1チャクラ
尾てい骨の近くに位置し、大地のエネルギーとつながりグラウンディングを司るチャクラ

人間の身体にある
エネルギー・センターのチャクラ

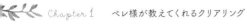

私たちの身体は、これらのチャクラにおけるエネルギーの出入りがあることで全身にエネルギーが循環し、心身の健康やバランスが取れているのです。

一般的には、チャクラは第1チャクラから第7チャクラまでの計7つのスポットがあるとされていますが、実は、第1チャクラと第7チャクラを除き、第2から第6までの5つのチャクラに関しては、身体の前後にそれぞれ2つずつエネルギーのスポットがあります。

つまり、チャクラの数は合計7つではなく、計12個あるということになります。

この身体の後ろ側についている「裏のチャクラ」は、その存在があまり知られていないので、実際に裏の5つのチャクラは閉じている人が多いのです。

「第2〜第5チャクラは身体の裏側にもある」と意識するだけで、チャクラは開いてくるので、まずは身体には7つだけでなく12のチャクラがある、と意識するところからはじめてみてください。

チャクラから放射されるエネルギーがそのままオーラの形や状態に影響しているわけですが、オーラを整えることで、逆に、チャクラのエネルギーも整えることが可能になります。

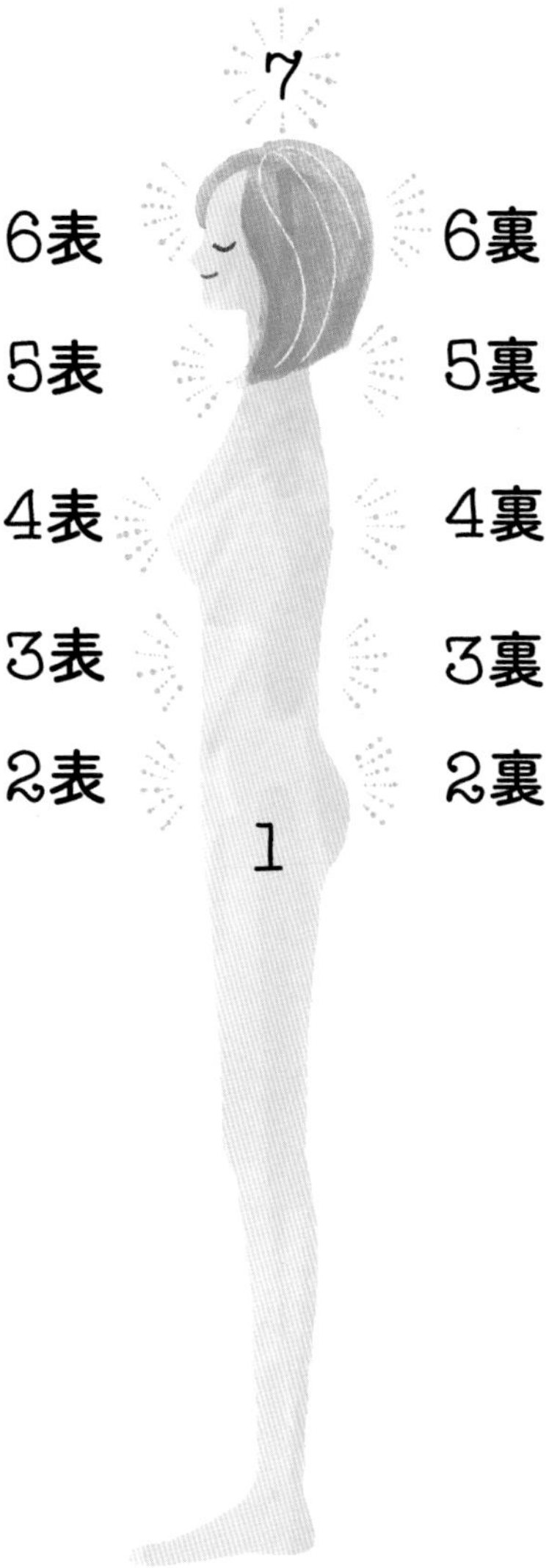

第2チャクラから第6チャクラまでは
表と裏のチャクラが存在している

4つのエレメントによるクリアリング基本篇

ここからはクリアリングについて、掘り下げていきたいと思います。

私がペレ様のクリアリングと出会ったきっかけやクリアリングの概念、その大切さなどについては、前著『クリアリングの魔法でおそろしいほど幸せになる』（ヴォイス刊）で詳しくご説明していますので、この本ではより実践的なアプローチを中心に述べていきたいと思います。

まずは、おさらいを兼ねて、クリアリングについて簡単にご説明していきましょう。

ハワイの大自然に宿る女神、ペレ様のクリアリングは、「火（ファイアー）」「水（ウォーター）」「地（アース）」「風（エアー）」という自然界の4大元素のパワーを借りながら行うことが特徴です。

火・水・地・風のクリアリングは、それぞれ「ファイアー・クリアリング」「ウォーター・クリアリング」「アース・クリアリング」「エアー・クリアリング」と呼びます。

各々のクリアリングは、その名が表すように、ファイアーの「火」は「熱量」や「情熱」を、ウォーターの「水」は「浄化」を、アースの「地」は「グラウンディング」を、エアーの「風」は、「流れ（フロー）」を意味します。

自然の創造物の一部である私たち人間は、自然界の基本になる4大元素の働きを借りながら自然とつながり、自然の一部であることを思い出すことで本来のパワーを取り戻せるのです。

それでは、４つのエレメントのクリアリングを順番にご紹介していきましょう。

Fire Clearing

生きる力を取り戻す「ファイアー・クリアリング」

ファイアーは炎の強さ・激しさをイメージするように、「ファイアー・クリアリング」は自分に熱量や情熱が足りないとき、もしくは、そのせいでやる気などが低下して、生きる力が湧いてこないときなどに使用します。

こんなときにトライ!

Fire Clearing

ファイアー・クリアリング

- モチベーションの低下。自分の意思が定まらず、物事が決定できない、やるべきことの優先順位がつけられないとき。
- 何事にもワクワクせず、生きる力が湧いてこないとき。
- 人とのコミュニケーションが上手くできないとき。会話が上手く運べない、相手の話が耳に入ってこないとき。何度も同じ話を繰り返したりしてしまうとき。
- 何か不穏な感じを受け取ったり、怪しい雰囲気を感じたりしたとき。何かに憑《つ》かれたような気がするとき。
- ペレ様や天照大神《あまてらすおおみかみ》など火系の神様とつながりたいとき。

ファイアー・クリアリングの方法

❶オーラの4番目の層のメンタル体までイメージする。

❷呼吸を整えたら、自分の意識をオーラのメンタル体が広がる空間に合わせる。

❸紫の炎をイメージしたら、足底1メートル下から炎を着火していく。

❹紫色の炎が下方からオーラの形に沿って少しずつ燃えながら、自分に不必要なエネルギーがある箇所に達すると激しく燃えるようにイメージする。

❺頭頂部の1メートルくらい上まで燃えるイメージを続け、最後に炎が燃え尽きていくイメージができたら終了。

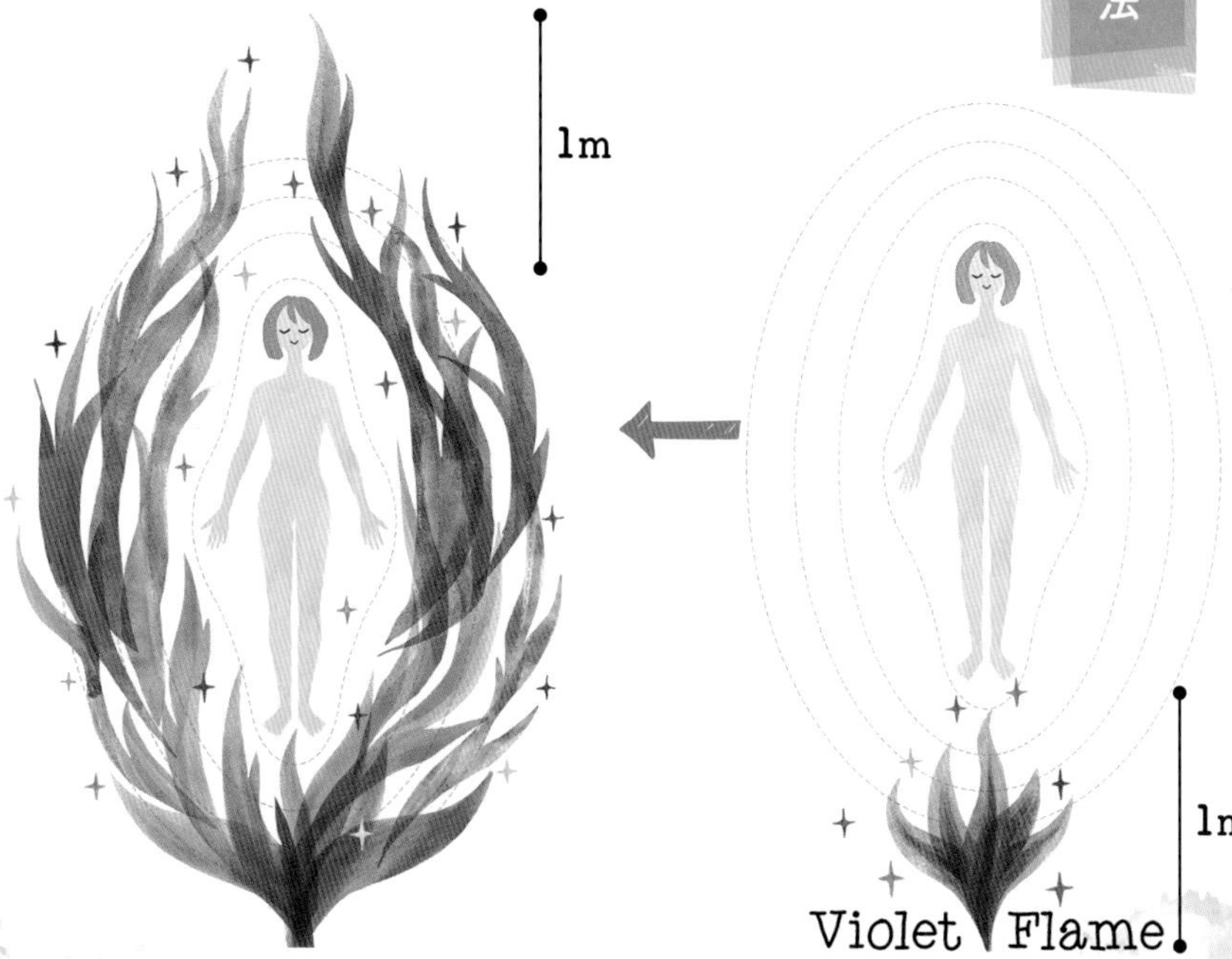

Water Clearing

浄化して洗い流す
「ウォーター・クリアリング」

「水に流す」という言葉があるように、水の浄化のパワーを使うのが「ウォーター・クリアリング」です。

ウォーター・クリアリングは、実際に水を使ってクリアリングを行います。可能であれば海や川、滝など自然界の水を使うのがベストですが、自宅などではシャワーの水（お湯）でも十分なクリアリングが行えます。

こんなときにトライ！

Water Clearing
ウォーター・クリアリング

- 悪いことが続いたり、ケアレスミスが続いたりするとき。
- 体調不良や不定愁訴が続くとき。
- 感情が不安定になって、対人関係にトラブルを起こしがち、理由もないのに寒気がしたり、嫌な気分になったりするとき。
- 飛行機や新幹線などに乗る機会が多い、パソコン作業などが多い、スマホを長時間使用して電磁波に長く触れる機会が多いとき。

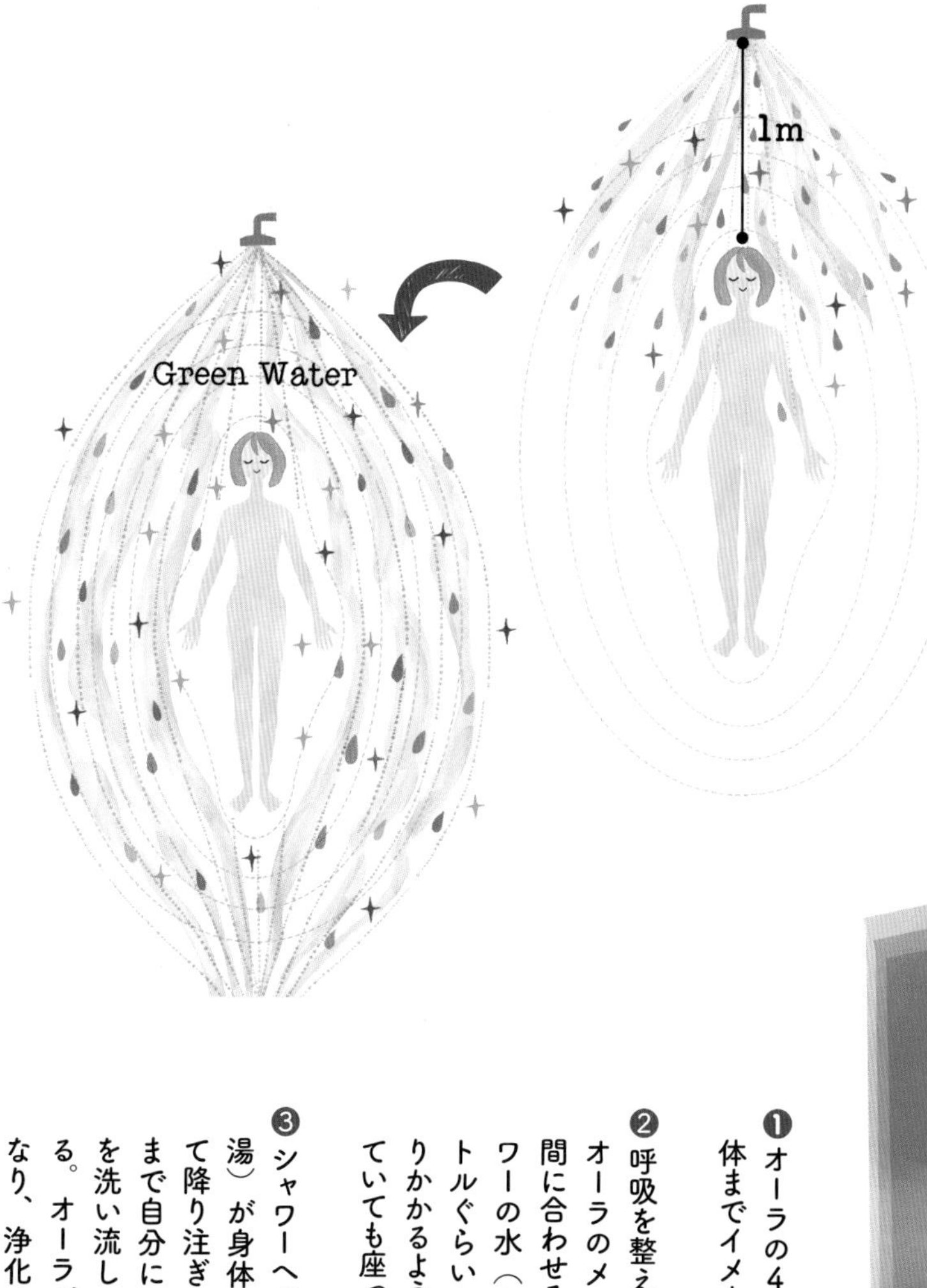

ウォーター・クリアリングの方法

❶オーラの4番目の層のメンタル体までイメージする。

❷呼吸を整えたら、自分の意識をオーラのメンタル体が広がる空間に合わせる。バスルームでシャワーの水（お湯）が頭上1メートルぐらいから自分の全身に降りかかるようにセットする（立っていても座っていてもOK）。

❸シャワーヘッドから緑色の水（お湯）が身体のオーラの形に沿って降り注ぎながら、頭から足先まで自分に不必要なエネルギーを洗い流していくイメージをする。オーラが足先までキレイになり、浄化されたイメージができたら終了。

Earth Clearing

グラウンディングを促す
「アース・クリアリング」

現実逃避しがちなときには、「アース・クリアリング」で大地にしっかりと自分の根を下ろして現実に向き合います。

アース・クリアリングは、大地の力強い波動を使ってオーラをクリアリングし、しっかりと自分と大地をつなげていきます。

本来なら、実際に自然の中で裸足になって大地のパワーを感じながら行うのが理想的ですが、イマジネーションを用いれば、いつでもどこでも行うことが可能です。

こんなときにトライ！

Earth Clearing
アース・クリアリング

- 夢見がちで、見た目もふわふわしていて、現実逃避しがちなとき。
- 今の現実や今の自分が嫌で、どこかに逃げ出したいと思ってしまうとき。
- お金や豊かさを生み出したい、仕事やキャリアで成功したいとき。
- 何かを創造したいのに、アイディアが出てこないとき。
- 優柔不断になってしまい、決断できないとき。
- 土地の神様とご縁を持ちたいとき。
- 妊娠したいとき。

アース・クリアリングの方法

❶オーラの4番目の層のメンタル体までイメージする。

❷呼吸を整えたら、自分の意識をオーラのメンタル体が広がる空間に合わせる。

❸過去に海や山など自然の中で、裸足になって足の裏で大地を感じた体験を思い出す。ここでのポイントは、できるだけ、その体験をした時の景色を五感で思い出すということ。たとえば、過去に南国のビーチを裸足で歩いたことがある人なら、足の裏にやさしい砂の感触を感じたことや、冷たい海水がさざ波となって足元にやってきたことなど、その時の景色の色、音、匂いなどすべての感覚を総動員して、自分がその場にいることをイメージしてみる。

❹足の裏の感覚を思い出し、まるで今もまだ土の上にいるような感覚になれたら、ゆっくりと呼吸を繰り返す。

❺足の裏からゆっくりと呼吸をして、大地から高波動のエネルギーが身体の中に入ってくることをイメージする。体内が力強い大地のエネルギーで満たされて、身体からそのエネルギーがにじみ出るイメージを繰り返す。オーラ全体が高波動の大地のエネルギーで満たされるイメージができたら終了。

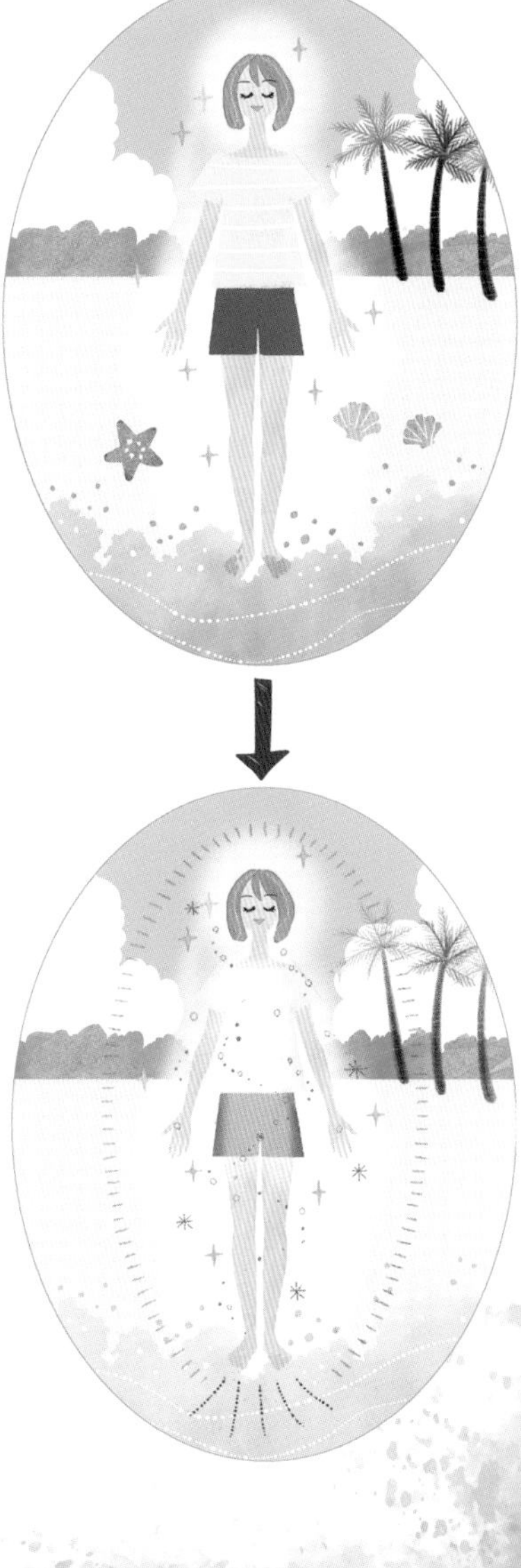

Air Clearing

変化を促す
「エアー・クリアリング」

停滞感や閉塞感を感じるときには、変化を促す「エアー・クリアリング」を行います。

エアー・クリアリングは、大気中の空気の持つ高い波動を使ってオーラをクリアリングしていきます。

本来なら、実際に空気がフレッシュな大自然の中で行うのが理想的ですが、イマジネーションを使うことで、いつでもどこでも行うことが可能です。

こんなときにトライ！

Air Clearing
エアー・クリアリング

- 自分のルールから抜け出せず、凝り固まった考えをしてしまいがちなとき。
- 自分の行動や思考に柔軟性が欠けていると感じてしまうとき。
- 人間関係や作業の流れなど物事の動きが停滞してしまうとき。
- リフレッシュして気分転換をしたいとき。
- 気分が落ち込みがちになったり、体調不良を感じたりするとき。

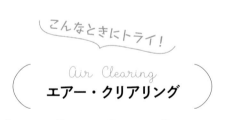

エアー・クリアリングの方法

❶ オーラの４番目の層のメンタル体までイメージする。

❷ 呼吸を整えたら、自分の意識をオーラのメンタル体が広がる空間に合わせる。

❸ 過去に行ったことのある大自然の場所で気持ちよさを感じた体験を思い出し、その場所のキレイな空気をイメージする。ポイントは、できるだけその実際の場所の景色や感覚を五感で思い出すこと。たとえば、海の波の音、草原をなびく風の音、小川のせせらぎの音など、色、音、匂いなどすべての感覚を総動員して、自分がその場にいることをイメージしてみる。

❹ 自分がその空間にいる感覚に浸れたら、ゆっくりと呼吸をしていく。

❺ 鼻でゆっくりと呼吸をしながら、身体の中が新鮮な空気で満たされ、キレイな空気が身体からにじみだすようなイメージを何度も繰り返す。

❻ オーラ全体が澄んだ空気で満たされるイメージができたら終了。自分がその空間にいる感覚に浸れたら、ゆっくりと呼吸をする。

3分あればできるクリアリング

「休日なのに、疲れがとれなくて横になってばかり……」
「彼氏にフラれて以来、落ち込みがひどくてぐっすり眠れない……」
「資格試験の前なのに、勉強するモチベーションが湧いてこない……」
「貯金がないから、将来どうなってしまうか不安……」

誰しもが日々の生活の中で、何らかの悩みや不安、問題点などを抱えながら生きていたりするものです。

でも、そんな悩みや不安があるからこそ、人は成長できたりするもの。

つらい日々があってこそ、その後にやってくる幸せな日々に感謝ができたり、味わい深い人生を送れたりするのです。

さらには、人は壁にぶつかり立ち止まる機会があるからこそ、人の痛みがわかったり、他人に対して思いやりの精神や優しさを育てられたりするのです。

長い人生の中で何度か巡り来る悩みや不安などはあって当然であり、ある意味、そんなことも成長の糧なのです。

ただし、ポイントは「悩みや問題があっても、長い間それを引きずらないこと」です。

悩みや不安は長期にわたって引きずれば引きずるほど、あなたの心と身体を少しずつ侵蝕していきます。

そして気づけば、目に見える形で身体に不調が出ていたり、落ち込みからウツ状態になると、もう簡単には立ち上がれなくなってしまったりするのです。

そこで、悩みや不安を感じたときには、できるだけ迅速にクリアリングを行っておきましょう。

クリアリングを行うことで、意外なところから問題解決の糸口が見つかったり、それまであなたを苦しめていたはずの問題がなぜか気にならなくなったり、などという形で悩みが解消されていくはずです。

クリアリングは、最初は「イメージすること」に慣れないと少し時間がかかるかもしれませんが、慣れれば3分間あれば行えるものばかりです。

もちろん、不調や問題がなくても、心身のバランスの維持や健康のために、日々のエクササイズのように行うこともおすすめです。

クリアリングを日々の生活の中に取り入れて、あなたの心と身体のメンテナンスを行っていきましょう。

五感を使う習慣をつける

クリアリングとは、いってみれば「目に見えないエネルギーを使いこなす」ということです。そんな目には見えないエネルギーは、あなたの五感を磨けば磨くほどに使いこなせるようになってきます。

たとえば、「虫の知らせ」を説明するときに「第六感」という言葉をよく使いますが、第六感とは「五感（視覚、聴覚、触覚、味覚、嗅覚）」を超えた、理屈では説明できない本質をつかむ感覚です。そんな感覚は、持って生まれた才能や、厳しい修行を経て得られる特別な能力だと思われるかもしれませんが、実は、五感の延長線上にある感覚なのです。

つまり、五感がさらに鋭くなったものが第六感、と言えるでしょう。

言い換えれば、もし、あなたが潜在意識にアクセスできれば、五感を超えた力を使いこなせるようになるのです。

たとえば、私は予知能力があると言われることがよくありますが、それは五感が鍛えられているからです。

そんなことを説明するエピソードを1つご紹介しましょう。


ある日、ハワイでワークショップを開催中のこと。

ふと空を見上げたら虹が見えたので、「あ、あそこに虹が出ていますよ〜」と生徒さんたちに言うと、生徒さんたちが一斉に空を見上げました。

けれども、なぜか生徒さんたちはなかなか虹を見つけられないようです。

すると、しばらくタイムラグがあった後、皆さんがこぞって「あ、あった！　あそこだ！」と虹を見つけて声をあげはじめたのです。

その時、ある生徒さんが、「多美枝さんは、虹が出る前から虹が出たと言っていたんですね。予知能力があるのですね」とおっしゃるのです。

でも、確かに私にはしばらく前からきちんと肉眼で虹が見えていたのです。

実は、こんな能力も第六感の1つだと言えるでしょう。


人間の意識は、2：8の割合で顕在意識と潜在意識から成っているといわれていますが、実は、身体能力に関しても同じように、2：8の割合で通常の身体能力と潜在的な身体能力が眠っているといわれています。

たとえば、生命に危機が及ぶような状況に直面すると、人は「火事場の馬鹿力」と呼ばれるような底知れぬ身体能力を発揮してサバイバルできたりしますね。

先述の虹のケースに関しても、虹が出る前にすでに私の目に虹が見えたのは、普通の人が目視できる能力よりも、私はもう少し目視力が高かったから虹が見えただけなのです。

要するに、生徒さんたちより視覚が少し鋭かった、ということなのだと思います。

そして、このような能力は、トレーニングによって上げていけるのです。

では、五感はどのように鋭くしていけるのでしょうか？

それは、あなたの五感を喜ばせるようにすることであり、別の言葉で言えば、それは、あなたの潜在意識を喜ばせることでもあるのです。

当然ですが、無意識の領域である潜在意識は意図的に喜ばせることができません。

でも、そんな普段は隠れている潜在意識も、あなたが瞬発的な動作を行う際には顔を出すのです。

たとえば、テーブルの端に水の入ったグラスが置かれていて、グラスが落ちそうになると、あなたは何も考えずにさっと手を伸ばして、グラスをつかみますね。

それは潜在意識が「グラスが落ちると割れる」ということを知っていることで、割れることを瞬

間的に防ごうとしたのです。

つまり、潜在意識は身体とダイレクトに直結しているのです。
要するに、五感を研ぎすますためには、五感を喜ばせることが大切である、ということです。
そしてそのためには、潜在意識と直結する身体の感覚をより心地よいもの、気持ちのよいものをセレクトしていく、ということです。

そのためには次のような方法が挙げられます。

＊触感のよいタオルを使う
＊触感のよい素材の洋服を着る
＊心地よく音質のよい音で音楽を聞く
＊美しいと感じる絵本や写真を見る
＊心地よい香りのある住環境にする
＊より天然に近い食事をとる

ポイントは、あなたにとって「気持ちよい」「心地よい」ということを生活の中に取り入れていくということです。

いつものタオルをちょっと質のいいバスタオルに変えてみたり、洋服を買うのなら化学繊維でなく天然素材にしてみたり、音楽を聴く人ならスピーカーをちょっといいものに変えてみたり、といった具合です。

そのためにも、「自分にとって何が気持ちいいのか、心地いいのか」ということを常に意識することも大切です。

写真を使ってイメージする力を育てる

クリアリングは、五感を使うと同時に、イメージの力を使って行うワークと言っても過言ではありません。

あなたの想像力がクリエイティブで豊かであればあるほど、クリアリングの効果もアップしていきます。

そこで、ここではあなたのイメージ力をアップさせる技をお伝えします。

特に、４つのクリアリングを行う際は、あなたがあたかも自然の中にいるような状況をイメージしながら行うことになることから、ここでは、どこにいても自然とつながるための方法をご紹介しましょう。

イマジネーションが上手にできるようになれば、あなたは都会のマンションの一室にいても、南国のリゾートに一瞬でワープできるのです。

トレーニングの方法としては、過去にあなたが自然の中へ出かけた際に撮った写真があれば、その写真を見つめてみてください。

何気ない風景写真1枚だとしても、その写真を眺めれば、あなたはその写真を撮った季節や、その日の天気、その写真を撮った時間のことを思い出すでしょう。

たとえば、その日が天気のいい夏の日だったとしても、それは午前中のまだ涼しさが残るさわやかな日だったのか、午後2時頃の太陽が最もギラギラしている日だったのか、それとも夕暮れに近い蒸し暑さを感じる日だったのか、などで受け取った感覚に大きな違いがあったはずです。

他にも、日差しはどれくらい強かったのか、風が吹いていたのか、そして、あたりには香りも漂っていたかもしれません。初夏なら若い草木の香りだったかもしれないし、夏の終わりなら、キンモクセイの香りがしていたかもしれません。

それらを思い出しながらその日のことを思い浮かべていると、あなたはその日のその瞬間にバーチャルな状態で戻っていけるのです。

それが「体感再生」と呼ぶ技法です。

この体感再生は、自分がかつて実際に行った場所であるなら想像力次第で誰でもできるはずです。

クリアリングでは、この体感再生で海や山、大地や草原へその瞬間に行くことができるのです。

体感再生が上手くできないときは、自然の場所へ行った際に、その空間でお気に入りの香水を嗅いでおくのもおすすめです。

後に戻ってきて、再度その香水を嗅ぐと、嗅覚を使ってその場所へ瞬時に戻っていくことができるのです。

嗅覚は五感の中でも記憶のセンサーが強く働くので、自然の中へ出かける際には、お気に入りの香水やアロマなどを持って行くのもおすすめです。

自然の動画を見てイメージする力を育てる

それではここで、あなたのイメージする力をさらにトレーニングで高めていきましょう。

前項では、写真を使ってイメージする能力を高めるお話をしましたが、ここでは動画を使って五感、そしてその先にある第六感を開発していきます。

トレーニング用に、私の方でハワイ島へ行き、自然界の4つのエレメントを表現する動画を実際に撮ってきました。

各エレメントについて、それぞれ二次元コードを読み取って動画を見ながら、イメージする力を育ててみましょう。

Water

ウォーター

ハワイ島の
プエオベイのビーチより

ハワイ島には典型的な白い砂浜のビーチは少なく、溶岩が溶けて砕けて砂になった黒い砂のビーチが多く存在します。

よくある観光地化されたビーチとも違い、より自然の姿に近いプエオベイのビーチでは、耳に聞こえてくる波の音もワイルドでダイナミック。パワフルな水のエネルギーを感じられるはずです。

とりわけ、ハワイの人々にとって海は神聖なスポットです。

ハワイ４大神のうち「カナロア」が海を護り、家族神・先祖神である「アウマクア」も海に棲んでいるとされています。

ハワイ島のプエオベイの波の音を聞いていると、たとえお部屋の中にいたとしても、心がすっきりと洗われていくはずです。

Fire

ファイアー

ハワイ島の
キラウエア火山国立公園の
ハレマウマウ火口より

ハワイ島のハレマウマウ火口は、ペレ様がお住まいの土地です。

あなたには、ペレ様の炎のエネルギーが伝わりますか？

近年、さらに活発になっている噴火の影響で大きくなった火口や、真っ赤なマグマが流れ出て固まった溶岩などの様子から、地球の大地の息吹や躍動感を感じることができるはずです。

「地球は生きている」、という生命の鼓動を感じとってみてください。

Air

エアー

ハワイ島のコハラエリアと、ダニエル・K・イノウエロードにて

ハワイ島のコハラ山脈を吹き抜ける貿易風のさざめく音が聞こえますか？

ハワイ島で最も標高の高いマウナケア、活火山のマウナロアという聖なる山の間を吹き抜ける神聖なる風の音も感じ取ってみましょう。

時には、空を舞う鳥* の目線になって大地を眺めてみるのもいいかもしれません。

目を閉じて、風の流れに身を任せていると、その場所にいながらあなたも風のような自由さを感じられるはずです。

＊鳥
映像の中で出てくる鳥は、「プエオ」と呼ばれるハワイ固有種のフクロウで大変珍しく、ハワイでは、この鳥に出会えたら幸せが訪れるというラッキーシンボルといわれています。

動画撮影「あいらんど・どりーむず」 Kento

Earth

アース

ハワイ島のヴォルケーノ・アート・センターの森にて

ハワイ火山国立公園エリア付近の動画から、しっとり潤うジャングルの緑と土の香りを感じ取ることができますか？

森が育む生命のパワフルなエネルギーがハートに伝わってきますか？

あたりに響く鳥たちの鳴き声が聞こえますか？

ハワイ島にあるハワイ火山国立公園は、ハワイの中でも特に雨の多い熱帯雨林です。

オアフ島のホノルルと比較すると、年間４倍以上の雨量がある土地であるこのあたり一帯の森では、豊かな水の恵みで、さまざまな生命が息づいています。

豊穣を生み出す大地のエネルギーを受け取りながら、しっかりとグラウンディングをして大地の豊かさとつながってみてください。

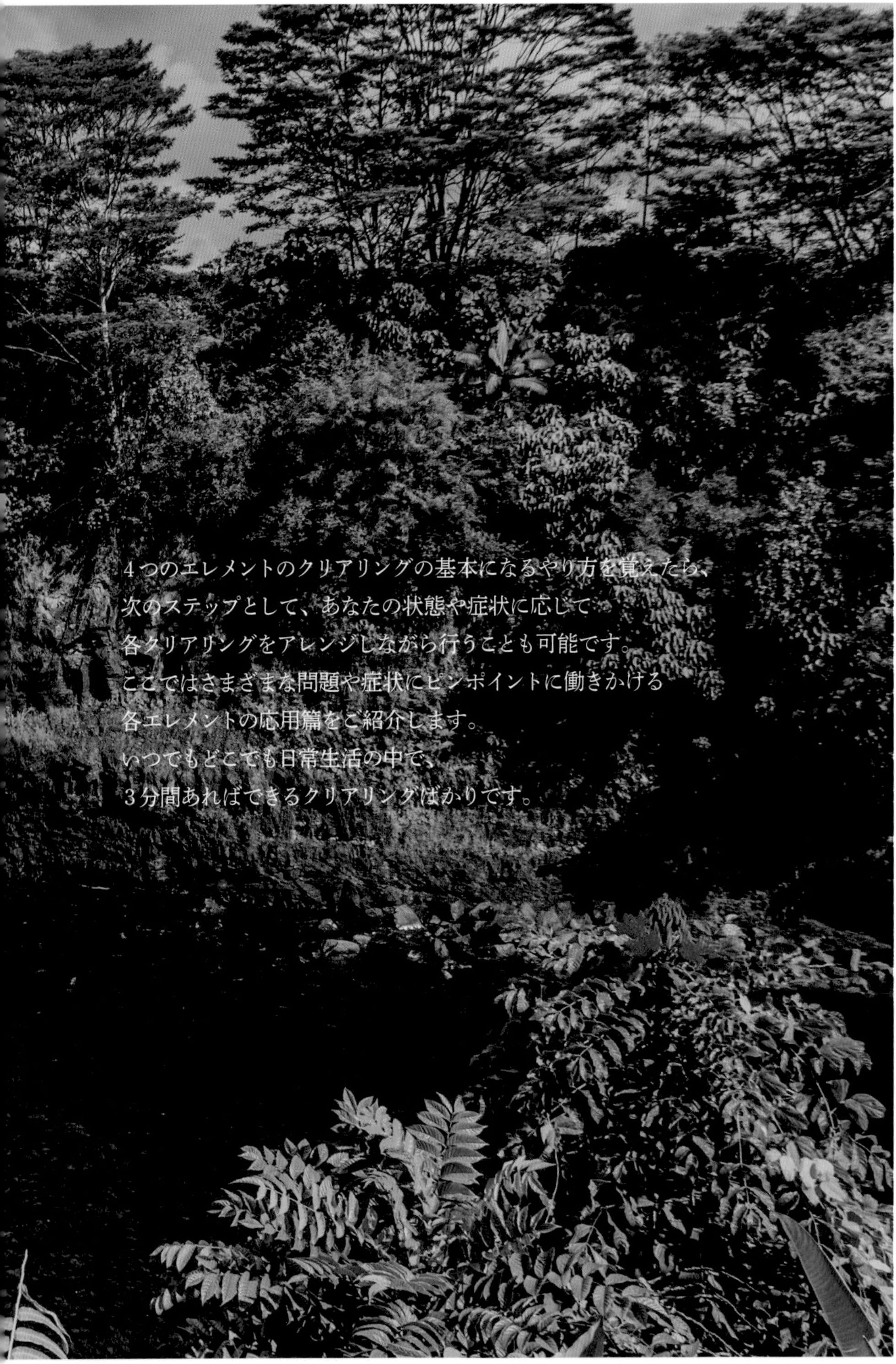

4つのエレメントのクリアリングの基本になるやり方を覚えたら、
次のステップとして、あなたの状態や症状に応じて
各クリアリングをアレンジしながら行うことも可能です。
ここではさまざまな問題や症状にピンポイントに働きかける
各エレメントの応用篇をご紹介します。
いつでもどこでも日常生活の中で、
3分間あればできるクリアリングばかりです。

Chapter2

クリアリング応用篇

ファイアー・クリアリング　応用篇

1

身体に火の温かいエネルギーをチャージ！　自信が湧いてくる

悩み

◉自信が持てない
◉やる気が起きない

原因

火のエネルギーが不足することで、身体全体にエネルギーが回っていない状態。

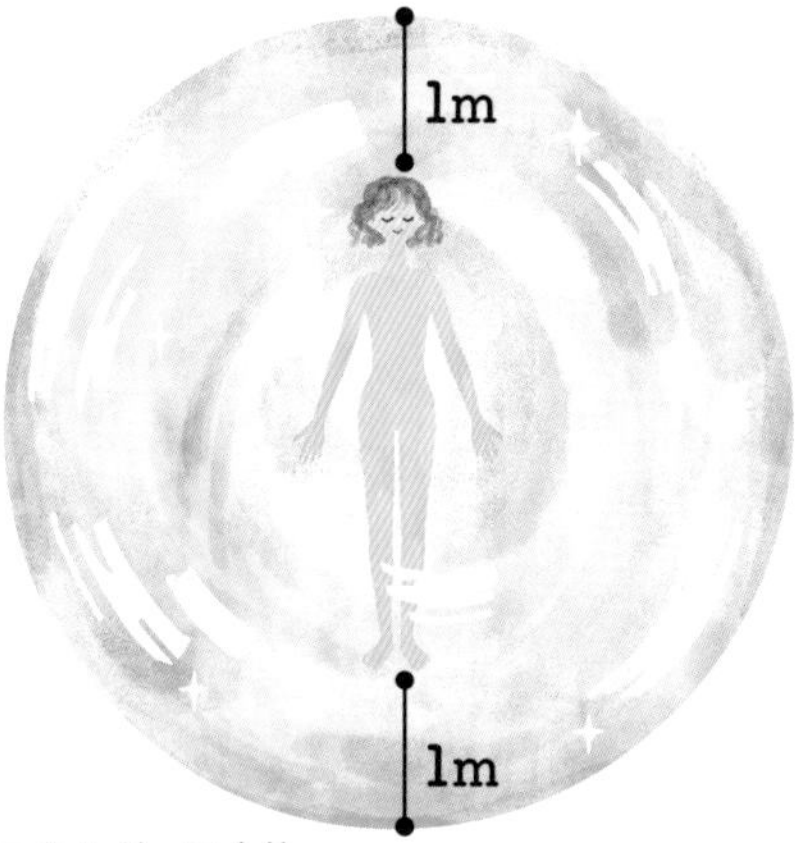

火のエネルギーで身体全体を活性化して、自信・やる気を取り戻す

Clearing
クリアリング

足底1メートル下から、頭頂部の1メートルくらい上まで、透明なガラスの球体に包まれているイメージをします。そして、球体の外側から火で温められ、暖かく心地よいイメージをしていきましょう。火のエレメントがあなたの自信にエネルギーを与え、やる気をサポートしてくれます。

Fire Clearing

2 丹田にゴールドのエネルギーを着火！　丹田から気力を戻す

悩み

◉一歩を踏み出せない
◉毎日が停滞している
◉行動に起こせない

原因

火のエネルギーが不足することで、丹田にエネルギーが入っていない。

Clearing クリアリング

おへその少し下の位置にある丹田は、身体の中でも〝気力〟が集まる場所とされています。丹田に力が入らないと、自分軸が定まらず、初めの一歩のアクションにつながりません。そこで、丹田でゴールドの炎が燃えているイメージをしてみてください。丹田と相性の良いゴールド色の火が、あなたの意識に着火してアクションが起こせるようになるでしょう。

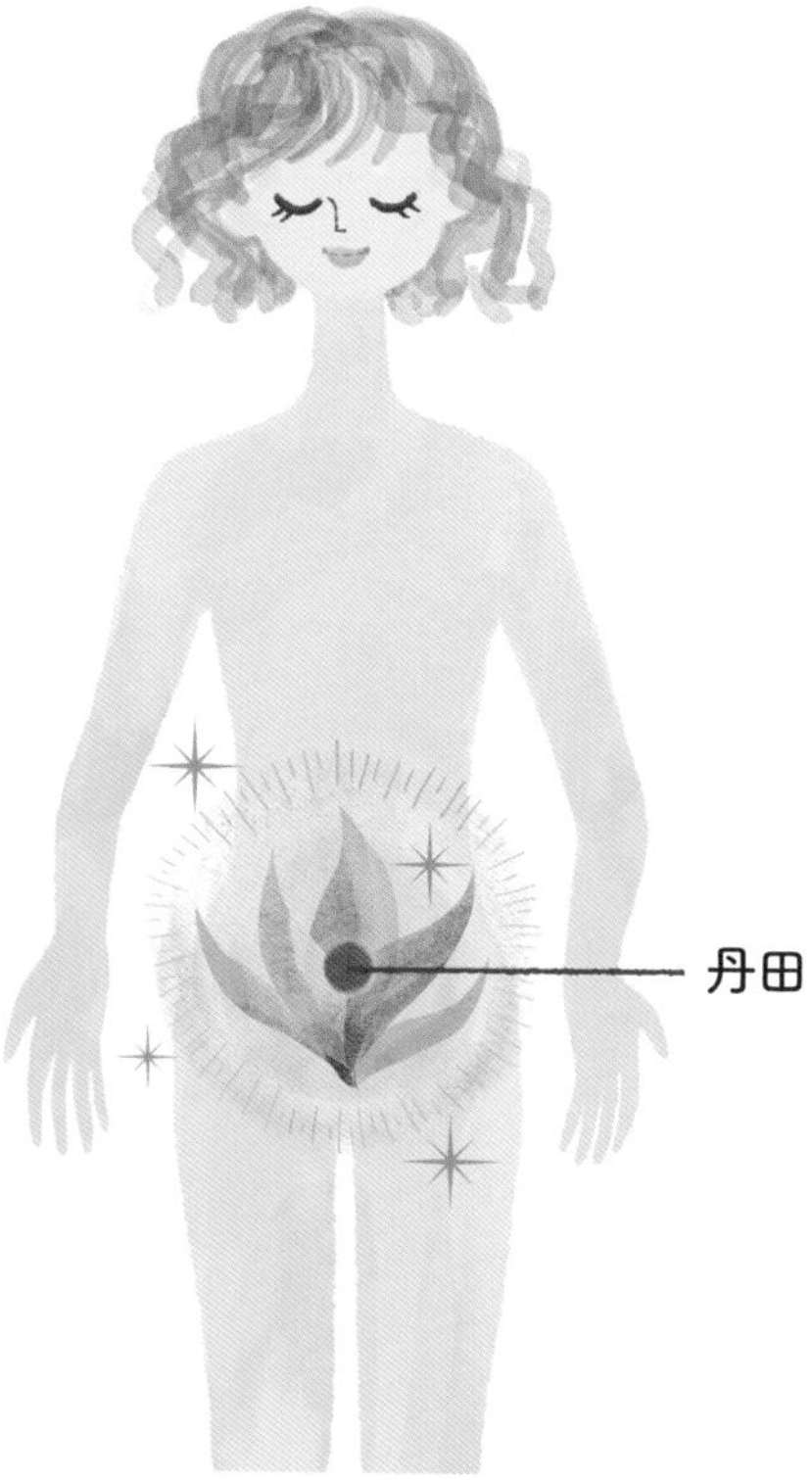

気が集まる丹田にゴールドの炎を着火して活力をアップ！

3 クンダリーニのパワーで自分軸を通す

悩み

- 感情のコントロールができない
- 人に惑わされる
- 優柔不断になる

原因

火のエネルギーが不足することで、自分軸がブレている。

Clearing クリアリング

ヨガの技法でも用いられる方法、クンダリーニのエネルギーメソッドを使うやり方です。まず、背骨に意識を置いてみてください。次に、尾てい骨付近にある背骨の下から火のエネルギーが徐々に上に向かっていくイメージをしてみましょう。身体の軸に火のエネルギーが浸透して貫通することで、自分軸が安定しやすくなり、自分で物事が決断できるようになります。

4 紫の炎でエネルギーを均一に

悩み

- 人と自分を比較しがち
- やみくもに動きがち
- 結果が出ない

原因

火のエネルギーが過剰な状態になるとグラウンディングが弱くなり、無駄な動きが多く結果が得にくい。

Clearing クリアリング

足底1メートル下から、頭頂部の1メートルくらい上まで、透明なガラスの球体に包まれている状態をイメージしてください。次に、球体の中がクールな紫の炎で満たされるイメージをしていきます。ひんやりする紫の炎があなたのエネルギーを調整し、均一にしてくれます。何事も中庸のバランスが大切です。

Fire Clearing

紫のクールな炎でエネルギー
バランスを均一に

5 グリーンの炎でイライラや怒りをクールダウン

悩み

◉イライラしやすい
◉攻撃的になりやすい
◉焦りを感じる

原因

火のエネルギーが過剰になって、頭に血が上っている状態。

Clearing クリアリング

何に対してイライラしているのか、何に対して焦っているのか、その原因（過去の体験や経験など）をイメージの中で紙に書き出します。そして、グリーンの炎をイメージして、イメージの中でその紙を燃やしましょう。紙が燃え尽きた後は、頭がすっきりしてクリアな感覚が戻ってくるはずです。

6 パープルの炎で古いオーラを新しいオーラに取り換える

悩み

◉自己中になりがち
◉エゴが強すぎる

原因

火のエネルギーが過剰になって、周囲が見えない状態。

Clearing クリアリング

自分の首から上にかけて、頭の周囲にあるオーラが雲のようになっているものをイメージしてください。そして、そのオーラを1つのかたまりにまとめてみましょう。そのまとめたオーラをパープルの炎で燃やしましょう。

オーラが燃え尽きたとき、あなたには新しいピカピカのオーラが生まれています。あなたは本来のあなたに戻り、自分だけでなく周囲も見渡せるようになっているでしょう。

ウォーター・クリアリング 応用篇

1 川に心地よく浮きながら、水のエネルギーを取り込む

悩み

◉どんな感情も湧いてこず、無感情になりがち
◉日々の行動が流れ作業的になっている

原因

水のエネルギーが不足することで、感情が流れず、共感共鳴が生み出せない。

Clearing クリアリング

美しい青緑色をした川が流れているのをイメージしてみましょう。あなたは、その川であおむけになり気持ちよく浮いています。次に、身体の中に水のエネルギーが流れ込み、満たされているようなイメージをしてみてください。そのまま、川に浮いている身体の揺らぎが心地良く感じられたら終了です。

2 妄想を川に流して、現実の世界に生きる

悩み

◉他の人のことを羨ましいと感じたり、妬んだりすることが多い
◉夢見がちで妄想しがち

原因

水のエネルギーが過剰になり、現実の世界で生きられない。

Clearing クリアリング

人のことを羨ましいと感じることや、妄想しがちなことを改めてイメージしてください。そして、そのイメージをグリーンの川に流し、流れていく様子をイメージしてみてください。これを3回繰り返してみましょう。繰り返すうちに、そのイメージがだんだんと薄れていくのを感じられるでしょう。

3

水のエネルギーを背骨に流し、身体全体に気を回す

悩み

◉疲れが取れない
◉緊張がとけない
◉コミュニケーションが苦手

原因

水のエネルギーが不足して、気が滞っている。

Clearing クリアリング

背骨に意識を置いてみてください。そして、背骨の上から水のエネルギーが下に向かって流れていくイメージをしてみましょう。すると、水のエネルギーが浸透することで身体全体の気の流れが調整され、気の流れがスムーズになるはずです。これにより、なかなか取れなかった疲労も軽くなっていくはずです。緊張もほぐれれば、コミュニケーションもスムーズに行えるはずです。

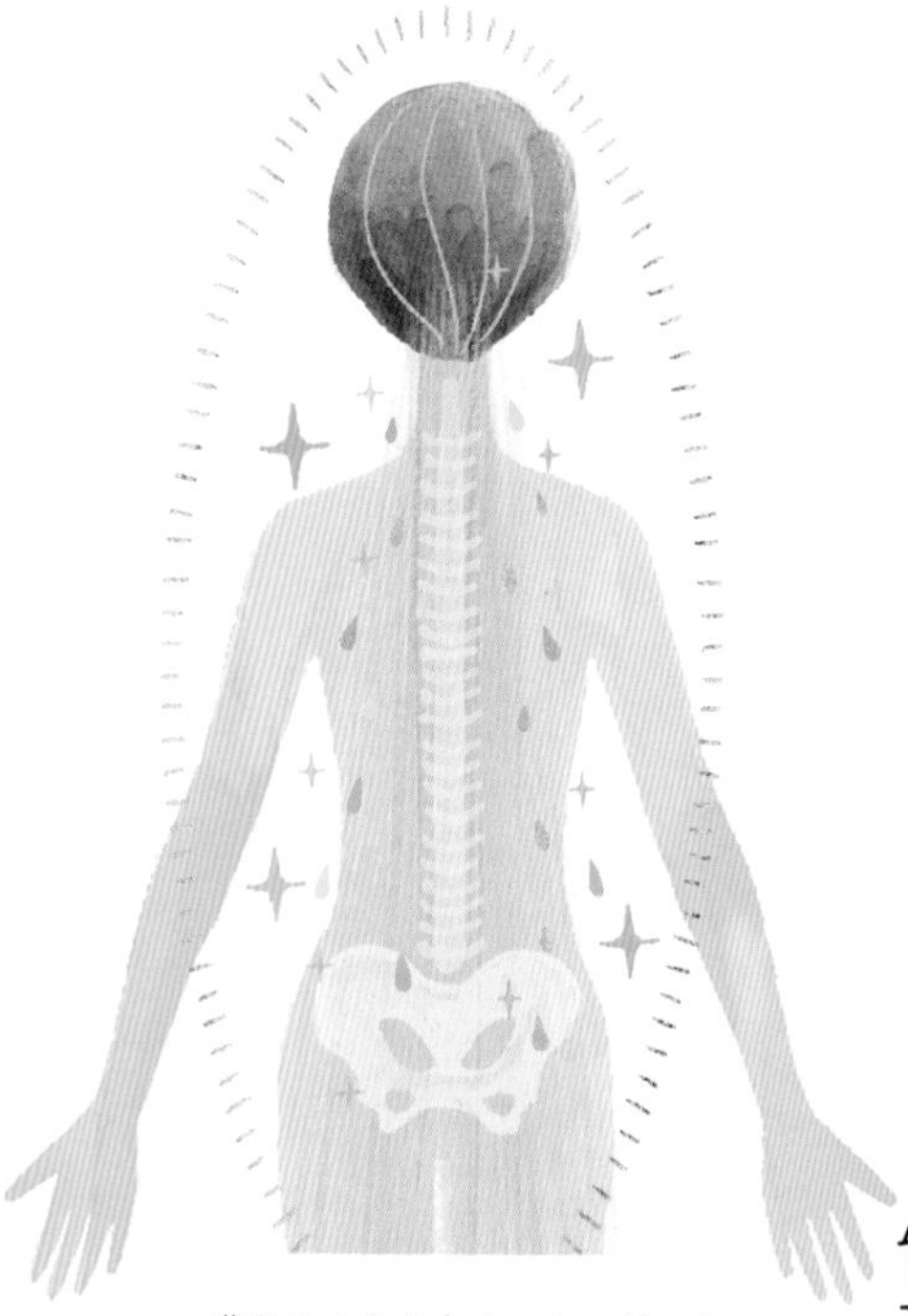

背骨の上から水のエネルギーを流し、気を身体に回す

Water Clearing

4 グリーンの炎でネガティブなエネルギーを燃やし尽くす！

悩み

- 感情的になりがち
- 依存しがち（人に対してだけでなく、嗜好品《しこうひん》や飲食なども含め）

原因

水のエネルギーが過剰になり、ネガティブなエネルギーが滞ってしまった状態。

Clearing クリアリング

鼻からグリーンの色がついた空気をゆっくり吸い込みます。そして、吸い切ったところで3～5秒間息を止めます。息を止めている間に、ネガティブな感情などがグリーンのエネルギーに覆われて消えていくイメージをしてみましょう。最後に、口から黒い色（イメージ）の空気を吐き出します。これをゆっくり3回行います。数回行うことで、ネガティブなエネルギーが消えてすっきりできているはずです。

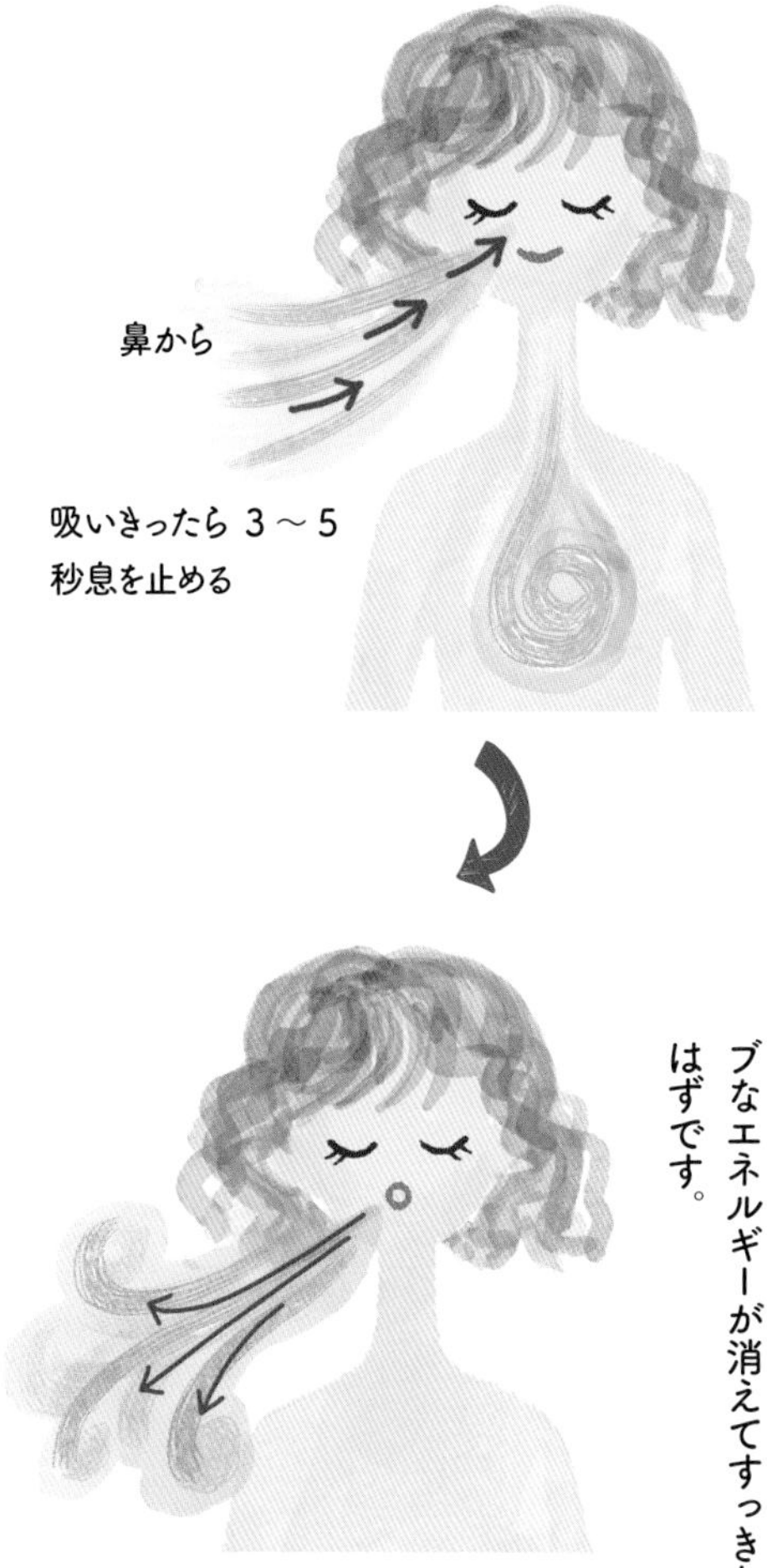

さわやかなグリーンのエネルギーを吸い、黒いネガティブなエネルギーを吐き出してすっきり！

アース・クリアリング

応用篇

1

大地の生命エネルギーをチャクラを通して取り込む

悩み

◉決断力がない
◉心身のバランスを崩しやすい
◉スタミナが出ない

原因

地のエネルギーが不足していることで、心身共にパワーが不足してしまう。

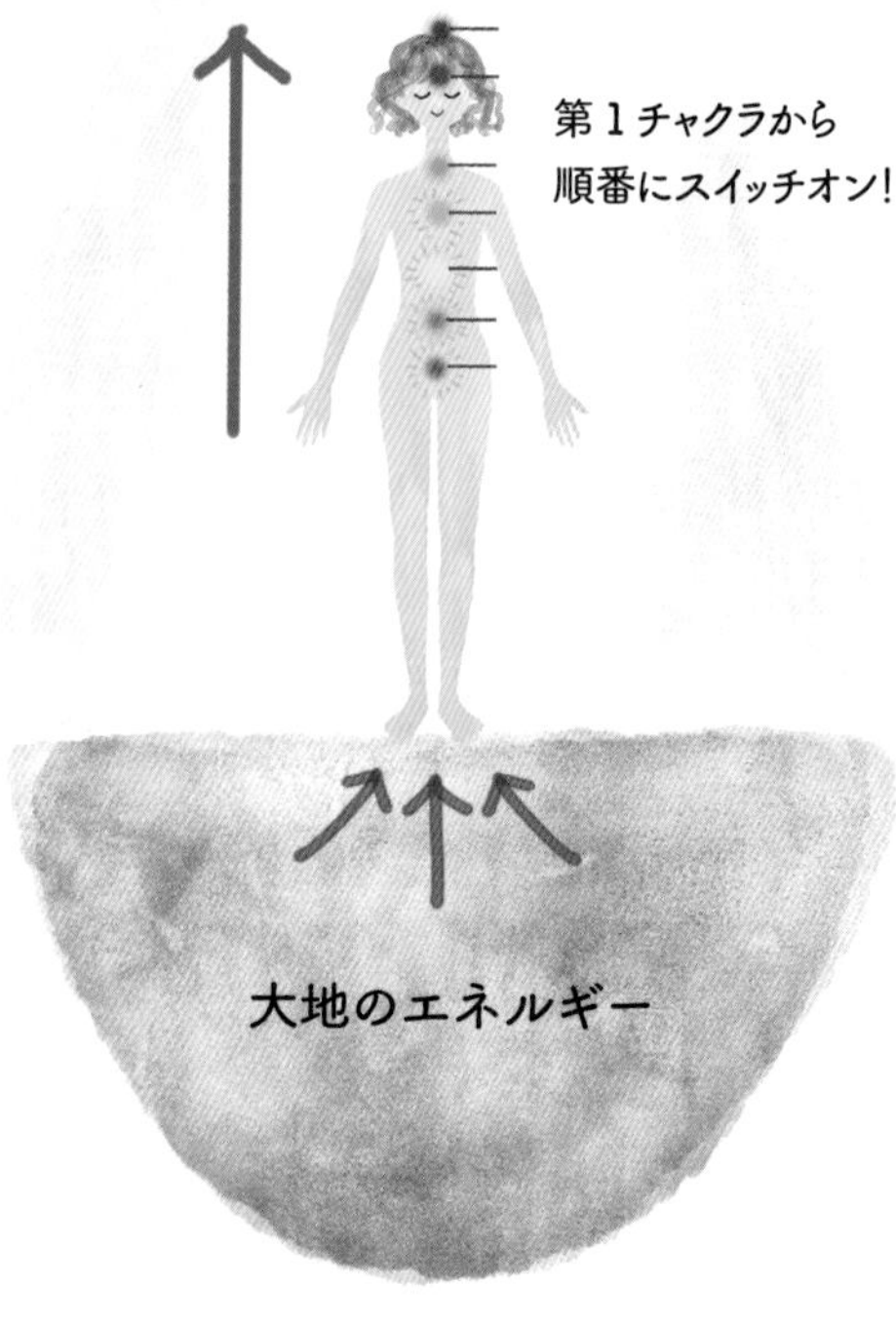
第１チャクラから
順番にスイッチオン！
大地のエネルギー

大地のエネルギーが身体のチャクラを下から上へ向かって貫くイメージ

Clearing
クリアリング

大地から生命エネルギーを取り込むために、大地の上に立っているイメージをしてください（イメージでなく実際に行うとさらに効果的です）。両方の足底から土のエネルギーが体の中に入ってきて、第1チャクラから順番に第2～第7までチャクラのスイッチをオンにしていくイメージをしてみましょう。大地としっかりつながるほどに、生きる気力が湧いてくるはずです。

Earth Clearing

2 丹田に大地のエネルギーを取り入れて、しっかりグラウンディング

悩み

- ◉注意力が散漫
- ◉忍耐力がない
- ◉何をやっても続かない

原因

地のエネルギーが不足していることで、グラウンディングができない。

Clearing クリアリング

忍耐力・継続力がないときは大地とつながりながらも、大地にしっかりと根を下ろすことが大切です。そこで、まずは大地の上に立っているイメージをしてください（イメージでなく実際に行うとさらに効果的です）。そして、両足の底から大地のエネルギーが体の中に入ってきて、丹田の部分にそのエネルギーが充満していくことをイメージしてください。大地のエネルギーがしっかりと丹田に取り込まれることで、大地とあなたはつながることができるのです。

3 不要なエネルギーを大地に戻し、軽くなる

悩み

- ◉浪費・散財しがち
- ◉1つのことにこだわりはじめると執着しがち
- ◉思考の切り替えができない

原因

地のエネルギーが過剰になることで、エネルギー全体が重くなってしまう。

Clearing クリアリング

バランス感覚を取り戻すため、大地のエネルギーを軽くしていきます。まずは、大地の上に立っているイメージをしてください（イメージでなく実際に行うとさらに効果的です）。次に、両足の底から地面に自分の中にある不必要なエネルギーが流れ出ていくイメージをしましょう。足底が地面に吸い付くような感覚になれたら終了です。不要なエネルギーを解き放ったことで、身体全体が軽く感じられるはずです。

4

大地の核とつながり、自分軸を取り戻す

悩み

- ●自己否定しがちになる
- ●世間体を気にする

原因

地のエネルギーが過剰になることで、自分軸がわからなくなる。

Clearing
クリアリング

まずは、大地の上に立っているイメージをしてください（イメージでなく実際に行うとさらに効果的です）。両方の足底から地面の奥深くまでアンカーを下ろすイメージをしましょう。大地（地球）の中心（核）とつながるイメージをしてみましょう。大地の核とつながることで自分軸がクリアになると、世間体も気にならず、自尊心も戻ってくるはずです。

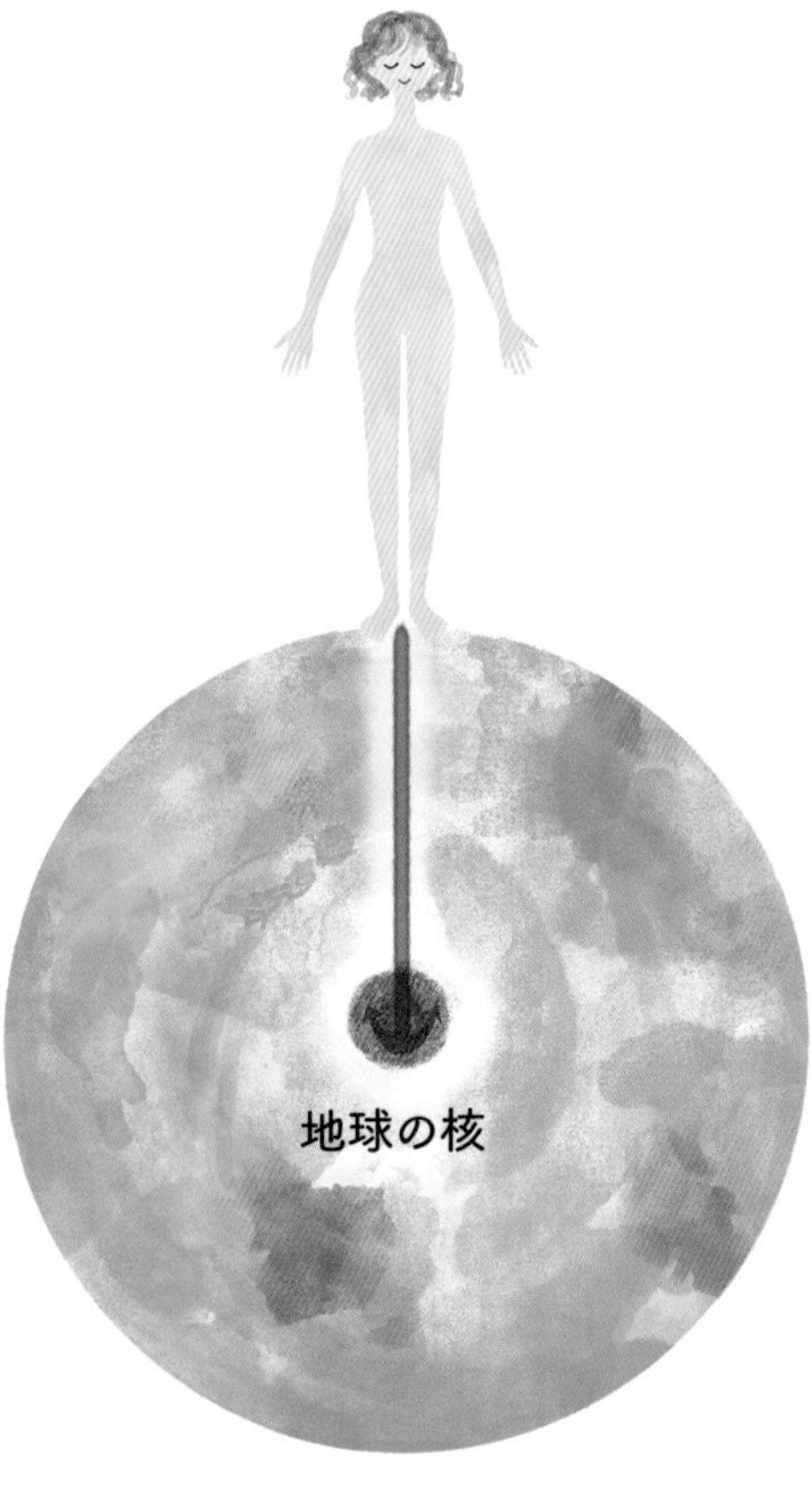

地球の中心と自分がしっかりとつながるイメージ

エアー・クリアリング　応用篇

1 脳の中に風を巡らせて、脳の働きをアップ！

悩み

◉思考を形にしたり、表現したりすることができない
◉ビジュアライズすることが苦手

原因

風のエネルギーが不足していることで、頭の中がまとまらない。

Clearing クリアリング

風のエネルギーが不足すると、頭の中にいろいろな雑念が浮かび、絶えず何かを考えている状態になり、集中力が発揮できません。また、イメージする力も本来の力で発揮できません。そんなときは、頭の中にある脳をイメージしてみましょう。そして、脳の中に風が吹いてきて、雑念を払ってくれるようなイメージをしてみましょう。最後に、脳の中に風のエネルギーが巡っていくイメージができたら終了です。

2 強すぎる風を追い出し、ニュートラルになる

悩み

◉細かいことが気になりがち
◉ストイックになりすぎて満足できない
◉自分にも他人にも厳しい

原因

風のエネルギーが過剰すぎると、落ち着かず偏った考え方をしてしまう。

Clearing クリアリング

風のエネルギーをちょうどいい状態にしていきます。まず、背骨を意識しながら、背骨の下、尾てい骨あたりから風のエネルギーを上に向かって流したら、今度は反対に、上から下へ風のエネルギーが流れていくイメージをしてみましょう。これを3～5回繰り返し、ニュートラルな感覚が感じられたら終了です。

3

固まったオーラを風で動かして、今を生きる

悩み

◉情報収集（特にインターネットで）をすることが苦手
◉時代の流れに鈍い
◉流行にうとい
◉柔軟性に欠ける

原因

風のエネルギーが不足していることで、自分や周囲で動いている世界が変わらない。

Clearing
クリアリング

首から上にかけて、頭の周囲にあるオーラが雲のような形になっていますが、それが固くなって動かない、というイメージをしてみてください。そこで、その固まってしまった雲に、さわやかな風を通すイメージをしてみましょう。次第に雲が流れて動きはじめます。すると、あなたの身体にもエネルギーが流れはじめるのを感じるでしょう。身体にエネルギーが回った感覚が感じられたら終了です。

カチコチに固まってしまったオーラを風のエネルギーで動かす

Air Clearing

4 風に流されずに、自分自身に戻る

悩み

- ◉思考に振り回される
- ◉他の人や周りに共感できない

原因

風のエネルギーが過剰になり、自分自身も流されてしまう。

Clearing クリアリング

まず、頭の周囲にガラスの球体をイメージして、風のエネルギーで満たします。次に身体全体の周囲に大きいガラスの球体をイメージして、再びこの大きな球体にも風のエネルギーで満たします。そして、頭部の周りのガラスの球体と、身体の周りの大きい球体が一緒になり、1つの大きな球体の中でそれぞれの風のエネルギーが交わってなじんでいくイメージをしてみましょう。自分自身を保ちながら、物事を判断できるようになるはずです。

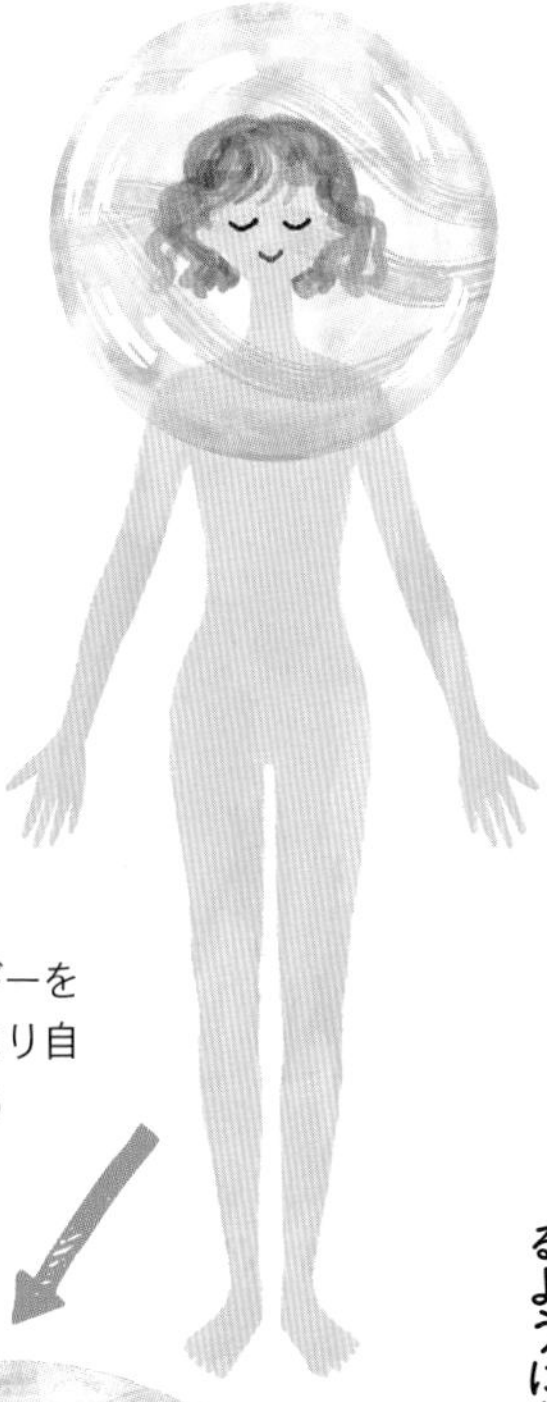

自分と周囲のエネルギーを1つにすることで、より自分の世界を構築できる

Chapter3

自然界のエネルギーでもっとキレイになる！

自然界に眠っている未知なるパワーをもっと使いこなしてほしい！
この章では、自然界からのエネルギーを上手に取り入れて、
もっとキレイにイキイキと生きるための方法をお伝えします。
ここでは、私がパワースポット巡りをしながら
皆さんにご紹介しているワークの中から、
特に効果が高いと評判のものを選んでご紹介していきます。
どのエクササイズも、慣れれば３分間でできるものばかりです。
さあ、自然のパワーを取り入れて、
さらに美しさに磨きをかけていきましょう！

樹木のエネルギーでダイエット&リフトアップ

自然の中で、大きな樹木があると、その樹木に両手を広げてしばらくの間、身体ごと抱き付いている人を見たことはありませんか?

きっとその人は、樹木からパワーをチャージしてもらおう、というつもりなのでしょう。

確かに、樹木から生命エネルギーをいただく、という方法を知っている人は少なくありません。

実は、知る人ぞ知る樹木のパワーとして、樹木のエネルギーはダイエットやリフトアップにも効果的なのです。

自然の中へ出かけて、ある程度大きな樹木がある場所が見つかったら、その樹木の表皮の流れが右向きや左向きによじれている木を探してみてください。

もちろん、大自然の中へ出かけなくても、近所の公園などでそのような樹木を見つけられればOKです。

ウッドダイエットの方法

1 できるだけどっしりとした大きな樹木のうち、表面が左手方向によじれている木を探す。

2 樹木から30センチ離れた場所に立ちます。もしくは、周囲に迷惑をかけない広いスペースがあれば、座禅スタイルで樹木の前に座ってもよいでしょう。

3 心の中で「これからエネルギーをお借りします」と語りかけるようにお願いして樹木から許可を取ります。

4 ゆっくりとリラックスできるペースで呼吸をしていきます。

5 五感に意識を向けながら、感じることを擬音に置き換えてみましょう。たとえば、風の音が耳に入ってきたら「そよそよ」、草木のすがすがしい香りが漂ってきたら「すうすう」、大地の暖かさが足裏から伝わってきたら「じわじわ」、といった具合に声に出してみます。

Wood Diet
左のよじれの木
すうすう
そよそよ
木から30センチほど前に立って（あるいは座って）ゆっくりと呼吸
樹木の方を向いても、樹木に背を向けても、座禅をして行ってもOK

6 自分のオーラをイメージしていきます。イメージしにくい場合は、直径3メートルくらいの透明なボールをイメージして、その中心に自分が入っているような感じを想像してみてください。五感に意識を向け続けながら、オーラで感じつつ、周囲の感覚とオーラが一体化していくイメージをします。

7 身体全体がリラックスしてゆるんでいくまで感じてみます。

8 その状態で、足元から樹木のエネルギーが入ってきて、頭頂部に抜けていくイメージをしてみてください。心地よさを感じるまで行います。ポイントは、その感覚をオーラにまで移動させて融合させていくように意識することです。その状態で、身体で気になっているパーツの脂肪細胞が樹木のエネルギーによって中和され、溶け出していくイメージをしていきましょう。

9 最後に樹木にお礼を伝えて終わりです。

Wood Diet

左のよじれの木

樹木に流れているエネルギーを借りてダイエット

直径3メートルくらいの透明なボールをイメージ
樹木のエネルギーが 足から入って気になっている身体の パーツの脂肪細胞が 頭頂部に抜けていく
樹木のエネルギー

ウッドダイエットの応用篇

気になるボディ・パーツをリフトアップ

ウッドダイエットは、顔や身体の引き締めたい場所、リフトアップしたいパーツにも応用できます。

1 できるだけ大きな樹木で表皮が右手方向によじれている樹木を探しましょう。

2 樹木に「これからエネルギーをお借りします」と心の中でお願いして許可を取りましょう。そして、樹木から30センチ離れた所に立ち、もしくは、周囲に迷惑をかけない広いスペースがあれば、座禅スタイルで樹木の前に座ってもよいでしょう。

3 ゆっくりとリラックスできるペースで呼吸をしていきます。

4 五感に意識を向けながら、感じることを擬音に置き換えてみましょう。たとえば、風の音が耳に入ってきたら「そよそよ」、草木のすがすがしい香りが漂ってきたら「すうすう」、大地の暖かさが足裏から伝わってきたら「じわじわ」、といった具合に声に出してみます。

5 自分のオーラをイメージしていきます。イメージしにくい場合は、直径3メートルくらいの透明なボールをイメージして、その中心に自分が入っているような感じを想像してみてください。五感に意識を向け続けながら、オーラで感じつつ、周囲の感覚とオーラが一体化していくイメージをします。

6 身体全体がリラックスして、ゆるんでいくまで感じてみます。

❼その状態で、足元から樹木のエネルギーが入ってきて、頭頂部に抜けていくイメージをしてみてください。心地よさを感じるまで行います。ポイントは、その感覚をオーラにまで移動させて融合させていくように意識することです。その状態で、身体で気になっているパーツが樹木のエネルギーと共に、上にリフトアップしていくようなイメージをしていきましょう。

❽最後に樹木にお礼を伝えて終わりです。

この樹木のダイエットとリフトアップの違いは、樹木の表皮が「右に流れているか」「左に流れているか」の違いによるものです。たとえば、ネジを締めるときは右回り、緩めるときは左に回しますね。エネルギーを放出するのは右、エネルギーをぎゅっと凝縮するのは左、というわけです。ただし、地軸の関係で、北半球、南半休で自然界にある渦巻きの方向は逆になります。

Wood Diet 応用篇

右のよじれの木

樹木に右に流れるエネルギーを利用してキュッとリフトアップ

直径3メートルくらいの透明なボールをイメージ
樹木のエネルギーが足から入って気になっている身体のパーツの脂肪細胞が頭頂部に抜けていく
樹木のエネルギー

山のエネルギーで美しい姿勢になる

山のエネルギーを取り込んで、美しい姿勢を手に入れましょう。

現代人のライフスタイルは、パソコンやタブレットのスクリーンに前のめりになったり、歩きながら、また、電車の中でも下を向いてスマホをいじったりするのが当たり前になっています。

そして、気づけばついつい猫背ぎみの姿勢になっているのが私たち現代人なのです。

前かがみになっている姿勢は、それだけでなんとなく暗いイメージになってしまいますね。

でも、背筋を伸ばしまっすぐな姿勢になるだけで、はつらつとして若々しく見えてきます。

また、「見た目」だけの効果でなく、血流がよくなることで健康にも効果が絶大です。


そこで、山のエネルギーを借りて、背筋を伸ばし姿勢を良くしていきましょう。

山の波動は、地と水のエレメント２つの効果を含んでいることから、グラウンディングと浄化のパワーが得られることで、正しく美しい姿勢が可能になるのです。

❶山のある場所へ出かけたら、座れる場所を探し、地面に胡座《あぐら》をかいて座ります。

❷両膝の上に両手の手のひらを置き、上向きにします。自分が山のポーズを取っているかのような感じを意識してみましょう。

❸4回ほど深呼吸をします。次に、背骨の下の尾てい骨から順々に背骨の1つ1つが上に伸びていくようなイメージをしましょう。そして、首の頚椎《けいつい》あたりまできたら、さらに上に引き上がっていくようなイメージをします。心地よさを感じるまでそのイメージを続けましょう。

グラウンディングと浄化のパワーで背筋が伸びる

海のエネルギーでプロポーション調整

海のエネルギーは、天から降ってきた水と地下から生まれる水で成っています。つまり、海水は天と地という両方向からの水のエネルギーが詰まった宝庫であり、上下からそれぞれ伝わる水のエレメントがプロポーションを調整するのに最適なのです。

私がハワイで開催しているワークショップでは、ハワイに到着後に、まずは不必要なエネルギーを落とすエクササイズを行い、心身共に浄化してからワークショップをはじめるようにしています。

そうでないと、大自然のパワフルなエネルギーも自分の中に取り込めないからです。

このエクササイズを行うと、身体に溜《た》まった悪い気を落とすだけでなく、気になるボディラインの調整も行えます。

1 海へ出かけたら、そこまで深くない安心できる浅瀬の場所であお向けになって浮かんでみましょう。

2 身体全体の力を抜いて水面に浮かんでみてください。すると最初は、「右腕だけが沈んでいく」とか、「左足が沈んでいく」などと焦るかもしれませんが、焦らなくても大丈夫です。そんなときは、不必要なエネルギーが海中に沈んでいっている、と思ってください。自分に必要のないエネルギーが海ににじみ出ていくようなイメージをしながら浮いてみてください。

3 しばらくすると、身体全体が均等に浮くようになってきます。そのような状態になれたら、海と自分の身体が一体化していくイメージをしていきましょう。ウエストにあるたるみや落としたい身体の脂肪が海の中ににじみ出ていくイメージを続けましょう。

4 「なんとなく身体がシェイプアップした感じがする」という心地よいイメージができたら終了です。

浅瀬の海でリラックスしながらプロポーションを調節する

目のたるみ、疲れには天然石で松果体を刺激

顔の中でも、特に目の周りは年齢の表れやすい場所です。

また、日々の疲れや睡眠不足などの影響が如実に表れるのが目の周囲です。

ということは、目の周りのケアをすることで、若々しさや、はつらつとしたヘルシーな表情を手に入れることも可能なのです。


実は、これはペレ様から教わった秘儀の1つですが、「目のたるみは実際の目の周辺の肌をケアするよりも、第三の目を癒すことでケアできる」ということでした。

目の周囲のケアをするのではなく、第三の目を癒すことで実際に見た目の印象が変わるなんて驚きですね。


それではここで、目のたるみのケアにパワーストーンを使ったワークをご紹介しましょう。

パワーストーンは手のひらに乗るような小型のサイズの濃いブルーの石を用います。

石の種類としては、ラピスラズリ、サファイヤ、ターコイズ、アズライト、カイヤナイト、ソーダライトなど濃いブルーの石ならなんでもＯＫです。

新しく石を手に入れる場合は、できるだけ天然の原石に近いものを選ぶと、よりパワーが発揮できるでしょう。

❶第三の目の位置（額の真ん中であり両目の間あたり）にパワーストーンを置き、しばらくの間、ゆっくりと呼吸します。

❷第三の目のあたりが温かくなり、心地よさを感じたら終了です。

青いパワーストーンで目のたるみや疲れを癒す

3分間のクリアリングでキレイになる！

Hawaiian Pele's Methods & Exercise

おうちにいながら大自然とつながる
ハワイアンペレズメソッド&エクササイズ

をご購入いただき、誠にありがとうございます。

「SHRINE/ALOHILANI」LINE公式アカウントにご登録いただくと、ライブ配信情報、ハワイ情報、宮田多美枝の提供するサービス内容をゲットできます！
また、登録特典として、遠隔ヒーリングを1回サービスで受けることができます。
さらには、「ペレズビューティー」とメッセージを送っていただいた方へ、ハワイからお送りする書籍出版記念イベントのライブ配信動画（2021年8月予定）をお届けします。

詳細は、LINEにて通知いたします。

配信を見逃した方も、動画はご視聴いただけます。

右のＱＲより「SHRINE / ALOHILANI」LINE公式アカウントにご登録ください！

このワークを行うようになると、不思議と目元のハリが回復してきますが、その理由として
ペレ様は、「目の周囲のたるみや目元のトラブルは、無意識のうちに第三の目と目の下にある副チャクラ＊を酷使してしまっているから」と語ります。

どうやら、副チャクラの疲れが、知らず知らずのうちに目の疲れとして出てしまい、クマやくすみ、たるみにつながっていたようです。

「アイクリームをつけても効果がない」と感じる人は、ぜひ一度この第三の目のケアを行ってみてください。

また、「目は口ほどにモノを言う」「目は心の鏡」などと、目にまつわることわざにもあるように、「目にはその人の心の状態がそのまま表れている」ものです。

やはり、キラキラと輝く瞳は〝目力〟があるだけでなく、その人のポジティブさや心の在り方が伝わってくるものです。

疲れて目がしょぼしょぼしているな、と感じたら、目の疲れを癒して目に輝きを取り戻しましょう。

＊副チャクラ
7つのメインのチャクラをサポートするサブ的な役割のチャクラであり、人体の21の部位にあるとされている。

胎児のポーズから目覚めることで生き方が変わる

毎朝、アラーム時計のけたたましい音とともにあわてて起きていませんか？

そんな朝のスタートは、アラーム音のせいで驚いて起きてしまうことで、眠っている間に潜在意識の中で培ってきたものを一気に消してしまうことになります。

実は、あなたは「朝のはじまり」を少し変えるだけで、本来のあなたらしさで生きられるようになるのです。

それは、朝起きたら、母親のお腹の中にいる胎児のポーズをとることです。

また、左のページにある②の「朝の覚醒タイム」を持たずして起きてしまうと、せっかく夢で見てきた役立つ情報や知識、また、寝ている間に育てたポジティブなエネルギーが無駄になってしまいます。

それらは、一気に消えてしまわない場合、潜在意識に蓄積していきますが、潜在意識に深く入りすぎてしまうと、再び取り出すことが難しくなってしまいます。

しかし、この覚醒タイムがあることで、あなたの顕在意識にもさまざまな情報が留まり、現実の生活の中でそれらを使いこなすことができるのです。

1

朝、ベッドの中で目覚めたら、すぐに上体を起こさずに、身体を丸めて胎児のポーズをとってみましょう。

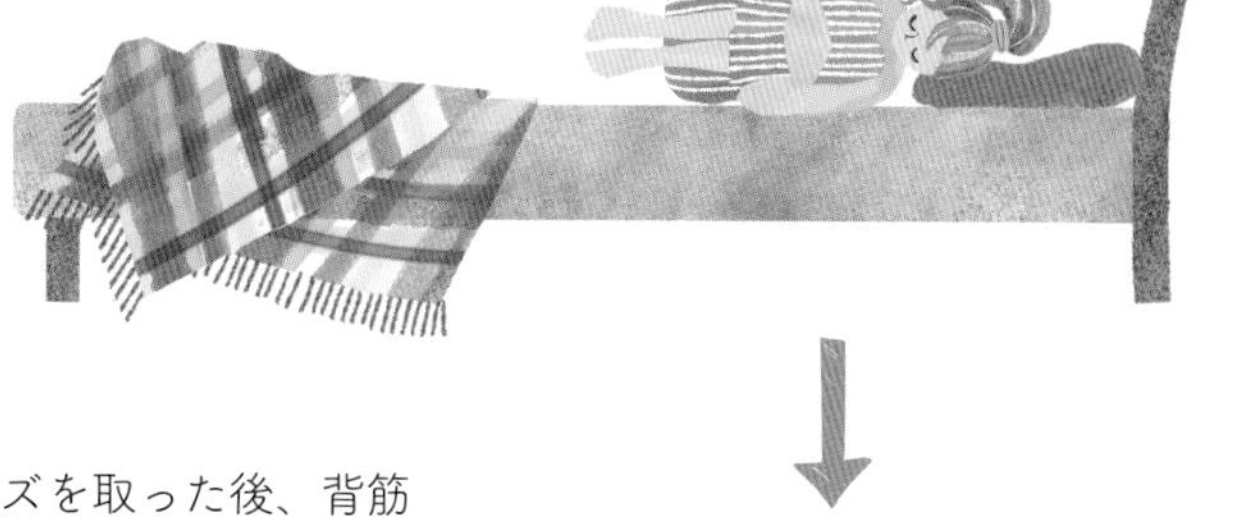

2

数分間、胎児のポーズを取った後、背筋をゆっくり伸ばしてから、しっかりと目覚めていきます。この時間を「朝の覚醒タイム」と呼びます。

3

そして、そのままゆっくり横に倒して横向きで起きましょう。このとき、すぐに上半身を起こすのではなく、ゆっくりお尻を右か左に倒して横向きになってから、上体を起こしていきましょう。

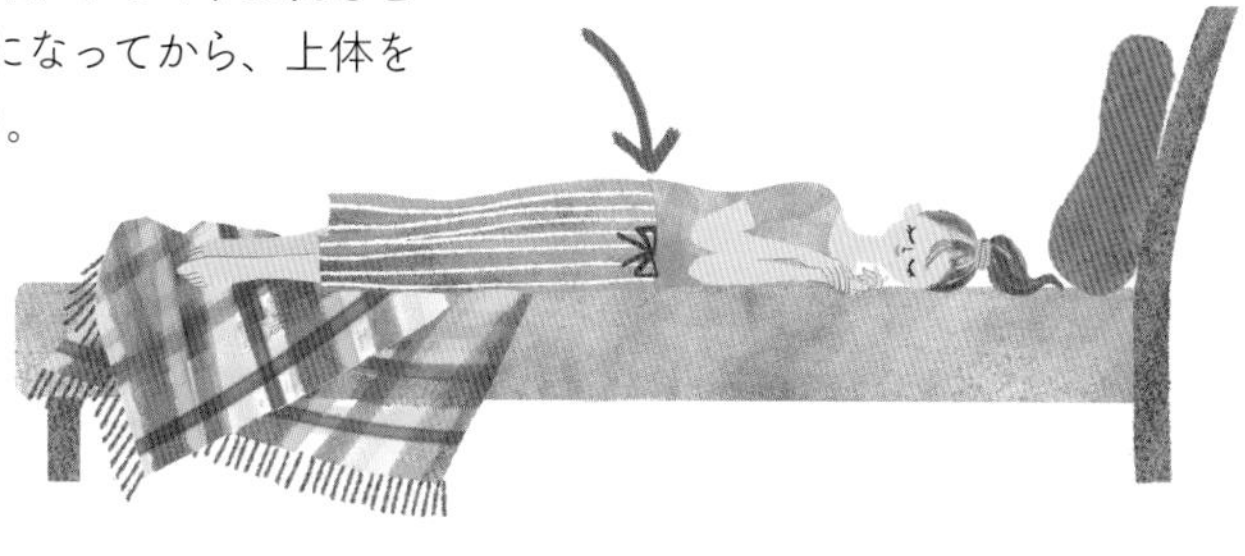

胎児のポーズから覚醒タイムを経て、夢で得てきた情報を現実に活かす

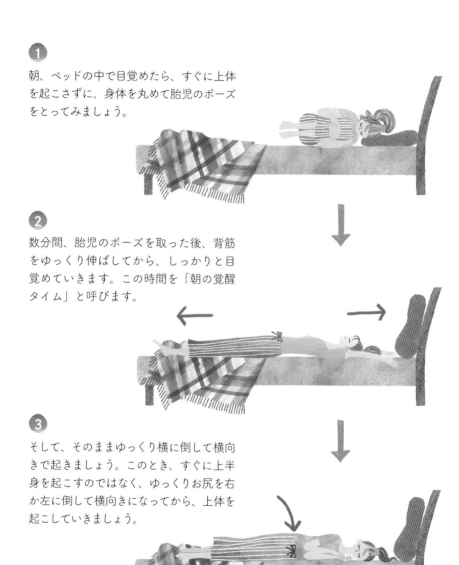

アンチエイジングには朝の日光浴

アンチエイジングに良い食材にサプリ、コスメなどを試している方は多いはずです。

でも、自然のエネルギーからもアンチエイジングの恩恵を受けることも可能なのです。

それも、いつでもどこにいても、誰にも平等に降り注ぐ太陽の光は、あなたにアンチエイジングの効果も授けてくれているのです。

特に、日光の中でもアンチエイジングに効果的なのは、朝の日の出から30分以内の太陽のエネルギーです。


毎日、日の出から30分以内の太陽の光を浴びることは難しいかもしれませんが、週に1、2度でも行うと効果を感じられるはずです。太陽からいただく、「早起きは三文の得」をぜひ試してみてください。

1

日の出から30分以内の太陽の方角に向かって立ちます。少し日差しを感じる場合や紫外線の強い季節なら、直射日光は避けて顔には日除《ひよ》けのタオルなどで覆ってもかまいません。

2

太陽から放射される暖かい日差しを受けながら、太陽の光が身体の中に巡りはじめ、手足がぽかぽかするようなイメージをしていきましょう。

早起きして朝日を浴びてアンチエイジング

肌トラブルには月光浴

肌トラブルには月光浴がおすすめです。

特に、オイリー肌からくるトラブルやニキビ、肌荒れには浄化力のある月のエネルギーが効果的です。

月光は日光のように「温感」は感じられないので、一見、強い効果は感じられないかもしれませんが、月光浴をしているだけで、なんとなくいい気分になってすっきりしてきませんか？

そんなやわらかなエネルギーが月のパワーの特徴です。

ここでは、肌トラブルに効く方法をお伝えしましょう。

1 肌の鎮静に効果的なのは満月前後3日間の月光浴です。できれば、戸外や自宅のベランダなど月が目に入る場所に立ち、目を閉じて月光浴をします。

2 気持ちも落ち着き、すっきりした感覚を受け取ったら、「荒れた肌が落ち着きました。ありがとうございました」と完了形の言葉でアファメーションをしましょう。気になる箇所があればそれぞれに対してアファメーションをしていきます。

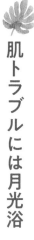

月光浴をしながらスキンケア

花のエネルギーで免疫力アップ

ひどい疲れを感じたとき、あなたはどうしていますか？

たとえば、滋養強壮のドリンクを飲んだり、ウナギや肉類などスタミナがつくものを食べたり、など。

私も以前は同じような対応をしていましたが、それでも疲れはとれません。

そんなとき、ペレ様があることを教えてくれました。

「ハーブのエキナセアのエッセンスがいいわよ！」と。

実際にペレ様自身も「ここぞ！」という勝負のときに豚肉を召し上がることも多く、お

免疫力アップにはエキナセア

肉でパワーをつけているのがわかるのですが、やはり免疫力が弱っているときには、エキナセアがおすすめらしいのです。

エキナセアはハーブティーやサプリ、液体のチンキ状のものが市販されているので、「免疫力が落ちた」「風邪を引きやすくなった」と感じる際にはぜひ試してみてください。

他には、ハワイならではのティーリーフという植物があり、このティーリーフは、ハワイの伝統ではお供物を包むことなどに使われている葉ですが、このティーの花のエネルギーも免疫力アップには効果的だそうです。

ティーリーフは他にも魔除けの効果もあるとされていますが、ハワイを感じるティーリーフなども観葉植物としてお部屋に置いておくのもいいかもしれません。

Ti leaf

ハワイのティーリーフには魔除け効果も

美容とスピリチュアルの融合で美しくなれる理由

私は、大手のエステティックサロンでエステティシャンとしてのキャリアを積んできました。

現在は美容とスピリチュアルの世界において〝2足のわらじ〟を履いているわけですが、どちらかというと、スピリチュアルの世界よりも美容の世界の方での経験が長いと言えるでしょう。

そんな私が、エステティシャンとして働きはじめた頃によく感じていたことがありました。

それは、お客様には同じように心を込めて施術をしているのに、成果が出る人と出ない人がいる、ということです。

もちろん、その方の体質や生活環境などの違いはあるので、施術の結果が出る・出ないということには、いろいろな要素が関係しているのも事実です。

けれども、私は心のどこかで、「結果に差があるのは、施術を受ける方の体質や生活環境以外にも何か理由があるのではないか」と感じていたのです。

そんな私もその後、独立を経てサロンを経営することになり、30歳からはスピリチュアルの世界に足を踏み入れて、新たにスピリチュアルの学びを探究するようになりました。

当初は、スピリチュアルと美容とは、その目的も違うことから、それぞれがまったく別のものだと捉えていました。

ところが、スピリチュアルと美容の世界の両立がスタートしはじめると、驚いたことに、私自身の体調に良い変化が起きはじめたのです。

実は、それまでの私はエステティシャンとして働きながら、毎月のように高熱を出して寝込んだり、冬には必ず風邪やインフルエンザにかかったり、さらにはストレスで肌アレもひどく、低体温からくる代謝不良で太ってしまうなど、さんざんな体調で過ごしていたのです。

私は、「お客様を美しくする美容業界にいるのに、自分がこんな感じでいいのかしら……」と長い間、自分自身に自信を失っていました。

実際に、いただくお給料以上のお金や多くの時間を自分のための美容に浪費していたものでした。

その当時は、知人には自分の職業を言うのさえためらわれる、というほどだったのです。

ところが、スピリチュアルの知識を学びはじめ、その知識を生活の中に活かすようになると、大きな変化が出はじめました。

サロンのお客様から「最近、体調崩さないですね」「肌の色が明るくなりましたね。何か新しい製品を導入したのですか?」などと声を掛けられるようになったのです。

そうなのです。その頃から私は急速に元気になり、健康になってきたのです。また、肌の調子なども特別なケアをしなくても良くなりはじめたのです。

同時に、その頃からワークショップを兼ねてハワイへ何度も渡航することになりました。

通常なら、常夏のハワイへ通いはじめると、強い日差しの下で日焼けをすることから肌が乾燥して肌の状態が悪くなることが予想されます。

ところが、ハワイへ通うほどに、周囲の人からは「最近、若返ったね！」とか、「なんだか、キレイになったんじゃない!?」などと言われることも多くなってきたのです。

そんな私にペレ様は、「美しさとスピリチュアリティの本質は同じことなのよ」と教えてくれました。

そして、「これから、美容とスピリチュアルの世界を融合させていきなさい」と私にお役目を授けてくれたのです。

私は、美容とスピリチュアルの2足のわらじを履くことで、いつの間にか知らず知らずのうちに、美容とスピリチュアルの融合を自分でも実践していたのです。

そして、これ以降、これが私の人生のミッションになったのは言うまでもありません。

ペレ様いわく、女性が美しくなるために一番大切なことは、「意識を変えること」とのことです。

たとえば、サイエンスの世界では、肉体の老化は脳からはじまるという説が有力です。

脳は、私たちの身体を巡る神経からの情報伝達を受け、脳でその情報が認識されると身体の各機能に指令を出すという役割をしています。

ということは、老化に関しても、脳から老化がはじまるのです。

美容用語で「皮脳同根」という言葉があります。

これは「皮膚と脳は同じ根を持っている」という意味であり、「医学的な観点からも皮膚と脳は連動している」、ということです。

つまり、私たちがストレスを感じると、その情報が脳に伝達され、それが結果的に肌荒れや老化現象など目に見える形になって現れることになるのです。

そして、最終的にそれが見た目の年齢や若々しさなどの違いを生み出してしまっているのです。

要するに、私たちは意識の持ち方次第でマインドの状態が変わるだけでなく、見た目の状態も大きく変えることができるのです。


もしそうなら、まずは、意識を変えていくところからはじめませんか?

「年齢を重ねても、若々しくしていることは可能」

「自然のパワーで、美しくなれる」

そんなふうに考えることで、意識の力でこれまでの常識や通念を変えていけるのです。

意識の変革を行いながら、同時にたった3分間で行えるクリアリングを実践することで美しさと健康を叶えていけるのなら、決して試して損はないはずです。

ぜひあなたも、美とスピリチュアルを融合させながら、若々しさと美しさを手に入れてほしいと思います。

クリアリングが可能になれば、すべてのことが思い通りに！
開運や願望成就、金運アップだって可能になるのです。
なぜなら、心と身体がベストな状態で維持できるということは、
最高最善の無敵なあなたになれる、
ということでもあるからです。
この章では、ペレ様が教えてくれた
美と開運のエクササイズをご紹介。
もちろん、すべて3分間あればできるものばかりです。

Chapter 4

ペレ様直伝・美と開運のエクササイズ

邪気払いで
気をリセット

なんとなくいつもの調子が出ない、運気が下がったような気がする、など運気に不調を感じるときは、全身を叩《たた》いて邪気払い。身体に溜まっている悪い気を追い出して気のリセットを行い、リフレッシュしましょう。

自分で行う場合は閉じて
人にしてもらう
場合は開いて

1. 全身をくまなく平手の形で叩いていきます。叩く強さのメドは「少し痛気持ちいい」くらいの強さで行ってください。両手で一度に行いますが、腕に痛みがある場合は片手でも大丈夫です。

2. 背中など、自分の手が届かない所は他の人に叩いてもらいましょう。

3. 痛みを感じる所があれば、その部分は無理のない範囲で痛みを感じなくなるまで叩いてみましょう。痛い所には、悪い気が溜まっていることがよくあります。

4. 全体的にすっきり感を感じられたら終了です。

ここがポイント！

自分で行うときは、指と指の間を閉じた平手の形で。他の誰かに叩いてもらうときは、指と指の間を開いた形で行ってもらいましょう。「何か悪いモノに憑かれてしまったかな……」と感じるときは、「祓《はら》いたまえ、清めたまえ」と声に出しながら行うといいでしょう。

金運アップの 丹田叩き

金運アップを狙うなら、身体の中で最もエネルギーを蓄える場所＝おへその下に位置する丹田のあたりを強化していきます。丹田が冷えていると、出ていくお金が多くなってしまうので、常日頃から下腹は温めることを意識してください。

1. 両手をグーの形にしたら、グーの内側の部分で左右交互に少し痛みを感じるくらいの強さでポンポンと叩いていきます。
2. しばらく叩き続け、丹田のエリアが内側からじんわりと温かくなってくるまで続けてください。叩いているうちに、少しずつ自分自身が中心に戻ってきた感覚を覚えるはずです。
3. 最後に、アース・クリアリングの応用篇のアレンジを行います。両足の底から大地のエネルギーが身体に流れてきて、丹田にゴールドのエネルギーが溜まっていく状態をイメージして終了です。

丹田を温めて、金運をＵＰ！

ここがポイント！

豊かになった自分を完了形でイメージしながら行うとさらに効果的です。

元気アップの
「ハカ体操」

「スタミナが落ちた」「以前より体力が落ちた」と感じるときや、元気になりたいのに力が湧いてこないときは、クリアリングをしてプラスのエネルギーを取り込み、全身からエネルギーアップを行いましょう。

ニュージーランドのマオリ族の民族舞踏がハワイに伝わった、伝統の「ハカ（闘いの前に自分の力を誇示するための踊り）」の舞踏を簡単にアレンジしたエクササイズです。

1. 両足を肩幅の広さに開いて、両手は腰の位置に置き、腰を落とす「ハカのポーズ」をとり、息を吐きながら同時に舌を出し、目は上方に向けてそのままのポーズをしばらく保ちます。

2. 重量は下方へ落としながら、意識は上へ上がるようなイメージ、つまり、第1チャクラが地面に引っ張られる、第7チャクラは上に引っ張られるような感じをイメージして行うと気脈が整いエネルギーアップしていきます。

3. 全身が上下に引っ張られて1本のロープが身体に通っているような安定感を感じるまでイメージしてください。

4. エネルギーリセットの呼吸を行います。まず、口を大きく開けたら、鼻からゆっくり息を吸い、口から声を出すような感じで、お腹の底から息を大きく吐き出します。この呼吸を4回繰り返しましょう。

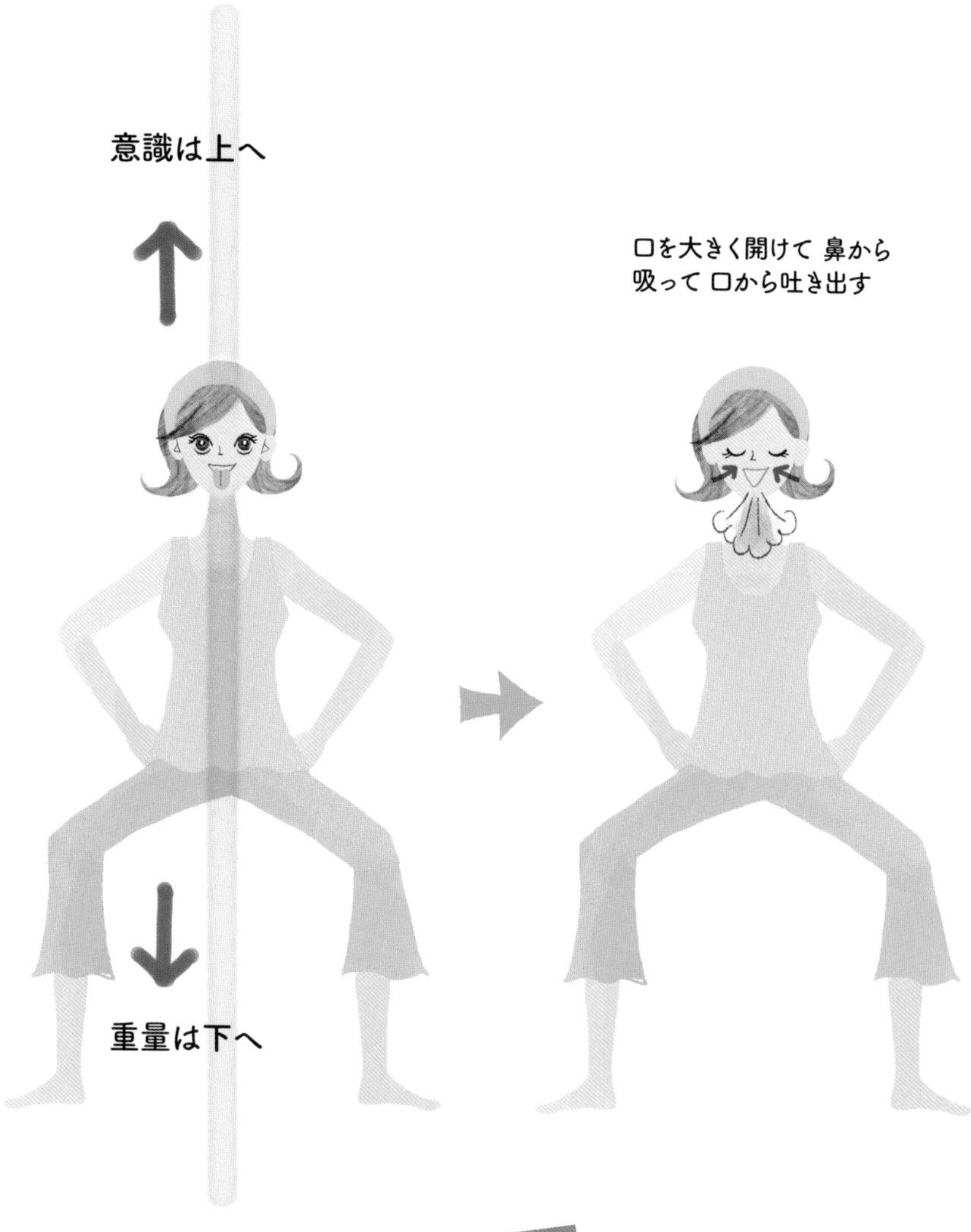

ここがポイント！

ハカは自分の力がみなぎっていることを周囲に誇示するダンスなので、ハカのポーズを取りながら、「私にはパワーがみなぎっています」と心の中でアファメーションを行うと効果的です。

願望成就には
頭皮マッサージ

「夢や目標はあるのに、それをなかなか具現化できない」

「考えていることを形にできない」

という人は多いのではないでしょうか。


自分の考えていることを形にする際には、具体的なアクションプランが必要になってきますが、自己啓発本にあるようなメソッドでそのあたりを試行錯誤している人も多いはずです。

ところが、ペレ様はもっと簡単で意外な方法を教えてくれました。

それは、「思考の現実化には頭皮マッサージがおすすめよ」とのことです。

頭皮を横に流すマッサージで
脳を活性化

❶ 頭皮マッサージは右から左、左から右、どちらでもいいので「横に向かって流すマッサージ」を行ってください。ブラッシングやシャンプーのときに行うのもおすすめです。

ここがポイント！


頭皮を横に流すマッサージは、脳に刺激を与えることで脳を活性化させることから、思考の現実化が叶いやすくなります。

実は、頭皮には自身の不必要な思考のゴミや、他人の思考や想念なども付着しやすいのです。

それらの余分なエネルギーは、オーラの第一層に浸潤してしまいがちなので、結果的に頭皮が固くなり血流を妨げ、脳を不活性化させてしまうのです。

頭皮は常に柔らかくしておくことを心がけましょう。

頭皮マッサージのアレンジ

額の横ジワが気になるときは、頭皮の「垂直マッサージ」

額の横ジワが気になる人へ。

「シワには逆らいなさい」とペレ様は言います。

額の横ジワには、ついついシワに沿って美容液を塗りがちですが、「肌老化は垂直に！」とのことです。

また、顔の肌が気になると、顔のケアばかりしがちですが、やはり頭皮と顔はひと続きの皮膚でつながっていることから、頭皮のマッサージが大事になってくるそうです。

そこで、横ジワが気になるときは、頭皮マッサージやシャンプーなどは頭の後ろから前へ、前から後ろへ、という垂直向きで刺激しましょう。

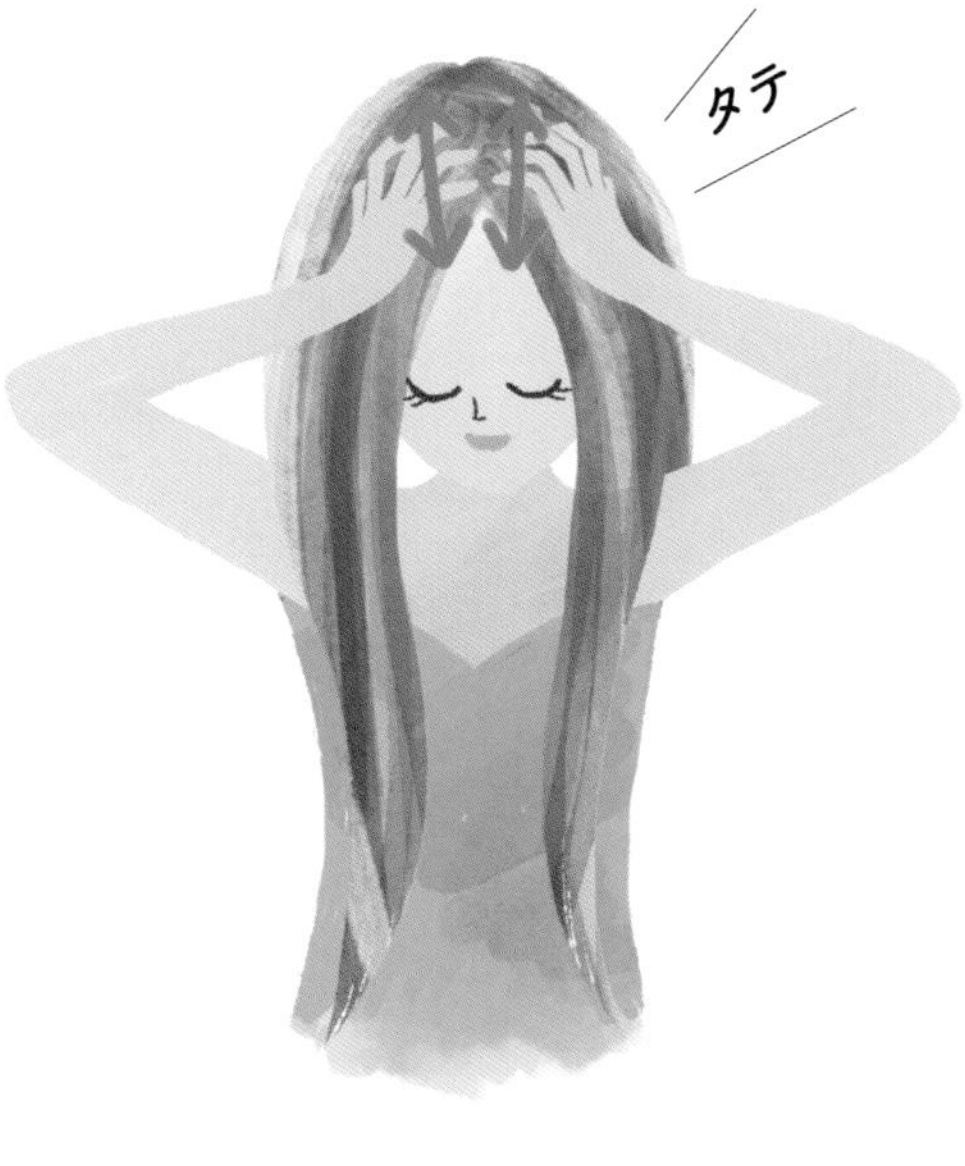

頭皮の縦のマッサージは
若々しい肌が期待できる

ここがポイント！

頭皮マッサージをする際には、アロマエッセンスやフラワーエッセンスを用いながら行うとリラックス効果も高く、指通りも良くなりマッサージも行いやすいのでおすすめです。

「アミダンス」で ダイエット＆グラウンディング

骨盤矯正やホルモンバランスを調整する「アミダンス」なら、ダイエット効果やグラウンディング効果が期待できます。

ハワイに伝わるアミダンスとは、フラダンスの基本になる動きで、肩から上の頭の位置は動かないように固定しながら、腰だけをぐるんぐるんと回転させながら行うダンスです。

腰を動かすことで、婦人科系のホルモンの乱れからくる肌トラブルにはもちろんのこと、骨盤の周りの筋肉や筋膜などにも負荷がかかるので、ウエストのくびれを際立たせるのにも効果があります。

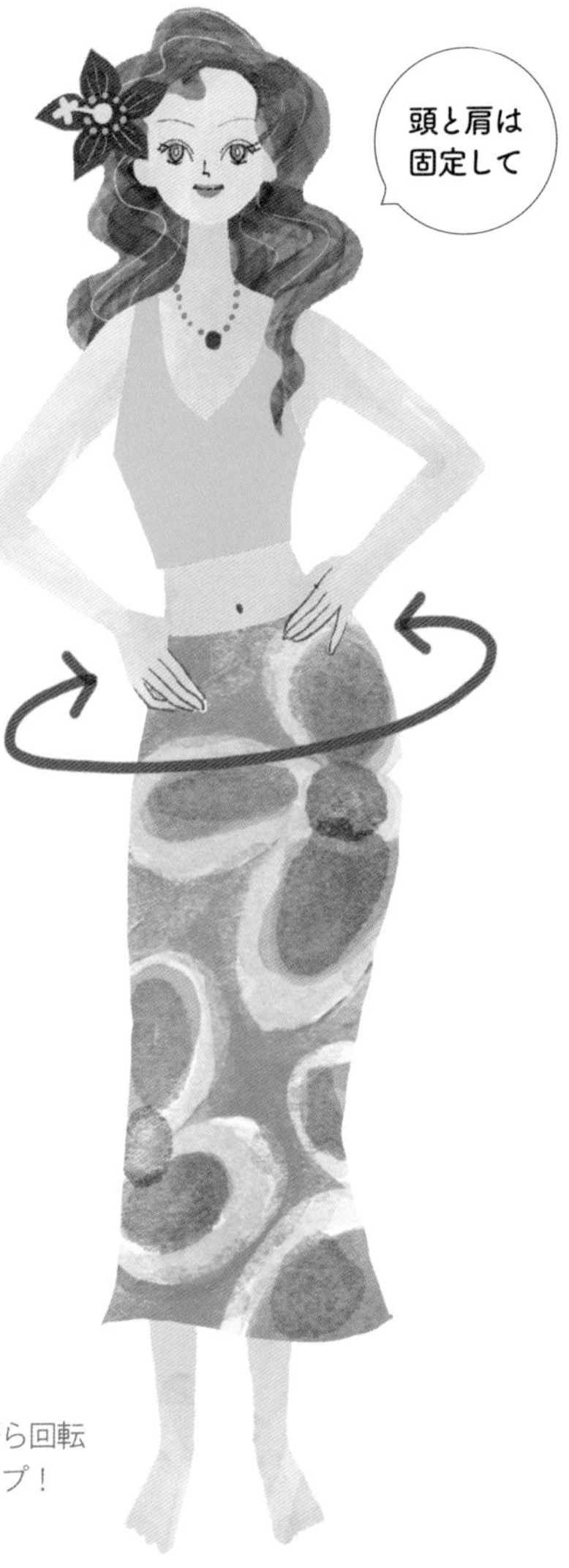

1. 肩や頭が揺れないように意識しながら腰を回してアミダンスを行いましょう。この時に第1チャクラを意識して行います。腰痛がある人は、無理のない範囲で行うようにしてください。

第１チャクラを意識しながら回転させせると、より効果もアップ！

脇の下をプッシュして バストアップ

女性なら、いつまでも美しいバストでいたいもの。

けれども、年齢を重ねるとバストの形が崩れたり、上半身の脂肪やたるみとバストが一体化してしまい、全体的にバスト部分のめりはりがなくなったりと、バストの周辺の肌に自信が持てなくなってきます。

そんなときに、バストの形を美しく保ちながら、バストエリアをすっきりシェイプさせるエクササイズです。

1. 胸の前で両手を合わせて合掌するポーズをとり、合わせた両手を強く押し合う。
2. 両手をグーの形にして、鎖骨に沿って外側から内側に向かって何度かマッサージする。
3. 右手の親指を左の脇の下に当てて、残りの４本の指は肩～腕に当てながら、親指で脇の下を押し上げるようにマッサージする。その後は、反対に左手の親指を右の脇の下に当てて、同じように右側の脇の下を押し上げるようにマッサージする。

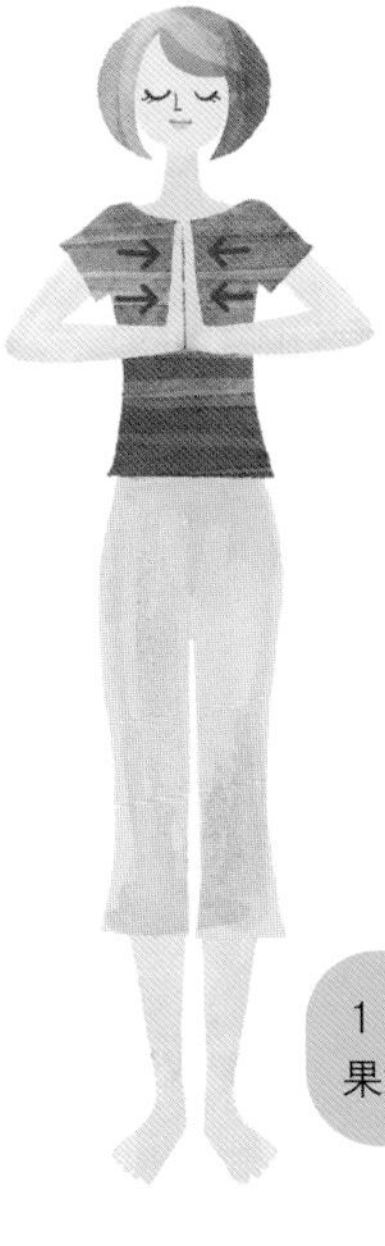

ここがポイント！

１日にそれぞれ5セットずつ行うと結果が目に見えて出てくるでしょう。

疲労回復・やる気にスイッチを入れる松果体刺激
こめかみと頭頂の3点プッシュ

集中できないときや、意識が散漫になりがちなとき、また、目元や口元のたるみや疲れが気になったとき、顔色がさえないときなどに行いたい、松果体を刺激するマッサージです。

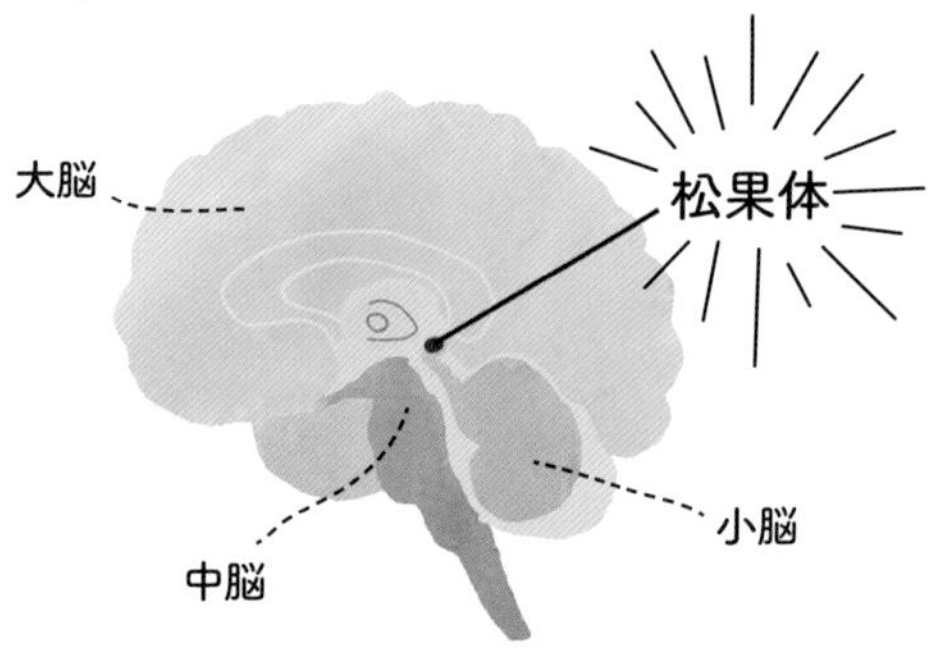

松果体とは、脳内の中央にある2つの大脳半球の間に位置し、間脳の一部である2つの視床体が結合する溝にはさみ込まれている小さな内分泌器のことです。

「第三の眼」とも呼ばれる松果体に刺激を与えることで、より集中力が増し、脳が活性化するだけでなく、睡眠ホルモンでもあるメラトニンの分泌も促すことから、深い眠りが可能になり疲労回復が期待できます。

1. 左右のこめかみと頭頂の3つのスポットを頭皮を引き上げるように4秒間ほどゆっくりプッシュしたら、4秒間かけて力を緩めていきます。この3つのスポットを押すことで松果体が刺激されます。

2. ①を数回行い、頭がクリアになった感じがしたら終了です。

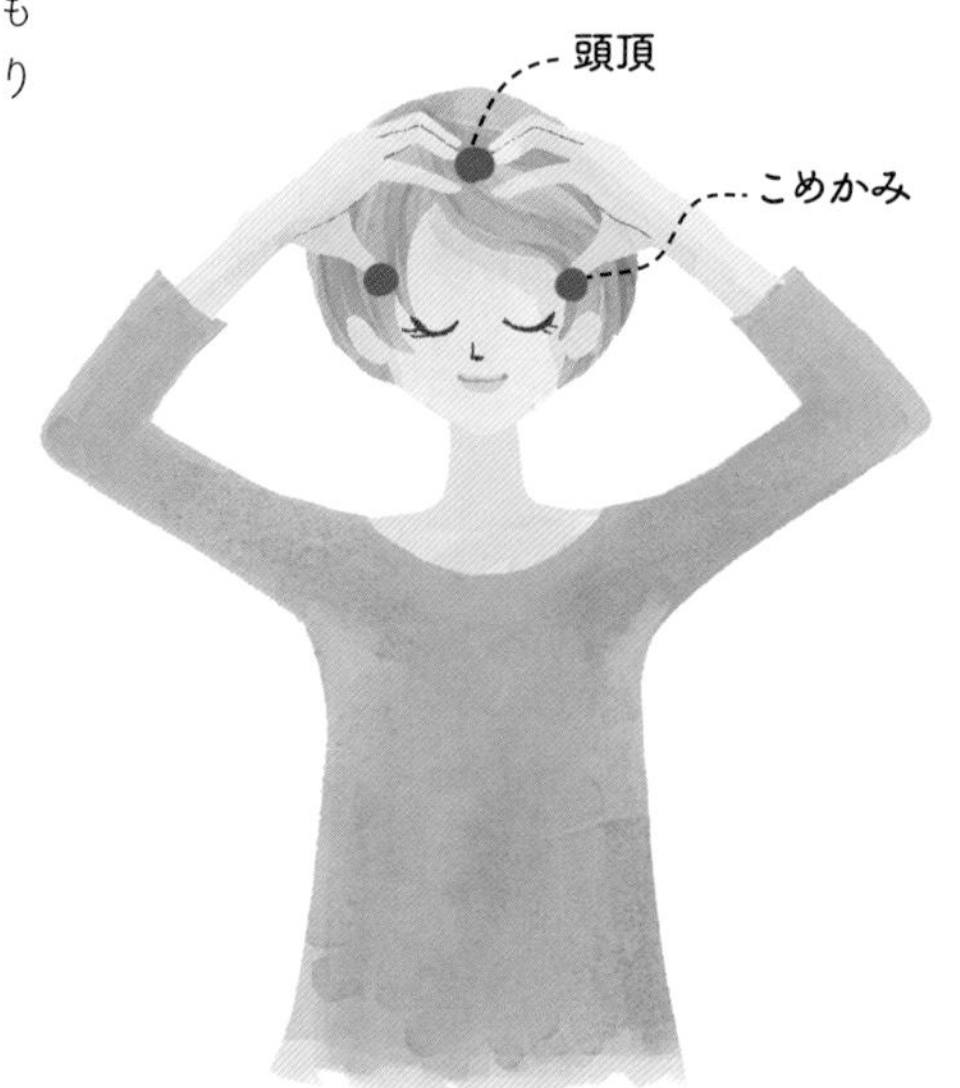

3つのスポットを意識しながらプッシュ

顔のむくみには、
首の後ろのマッサージ

顔のむくみがひどいときは、顔が一回り大きく見えてしまいますね。

そんなときは、顔自体をマッサージするよりも、首の耳の後ろをマッサージするのが効果的です。

手をグーの形にして首の耳の後ろを下から上へ、上から下へと何度かグリグリするような感じで上下させてみましょう。

この動きでリンパの流れをより活性化することが可能になります。

顔の片方だけ行い鏡で確認してみると、マッサージを行った方は口角が上がって見えるはずです。

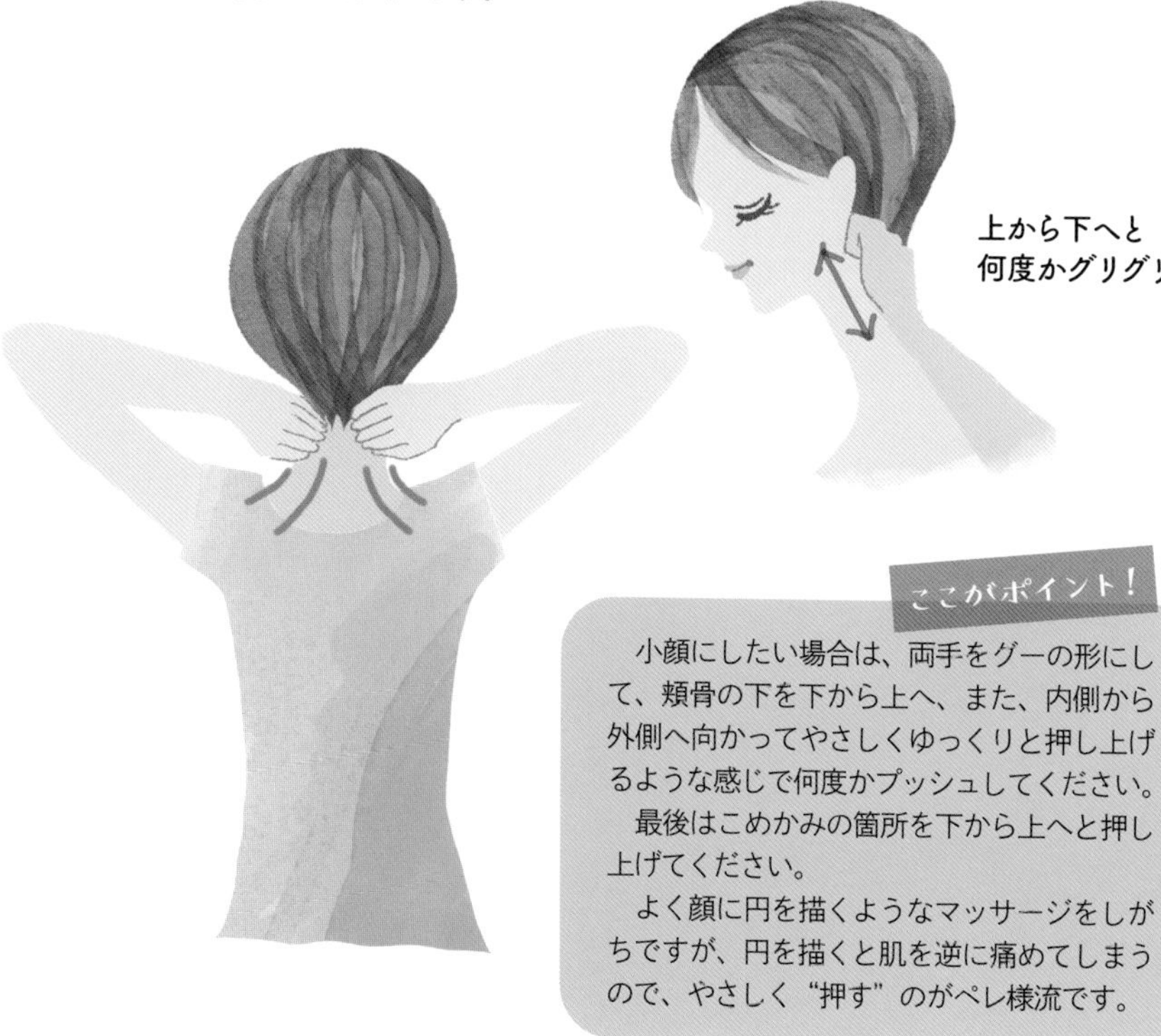

ここがポイント！

小顔にしたい場合は、両手をグーの形にして、頬骨の下を下から上へ、また、内側から外側へ向かってやさしくゆっくりと押し上げるような感じで何度かプッシュしてください。

最後はこめかみの箇所を下から上へと押し上げてください。

よく顔に円を描くようなマッサージをしがちですが、円を描くと肌を逆に痛めてしまうので、やさしく“押す”のがペレ様流です。

足のむくみには、
すねの筋膜はがし

むくみが気になるときは、膝から下のくるぶしまでの間の「すね」の筋膜をはがすようにマッサージしていきます。

1 マッサージは片足ずつ行います。両手をふくらはぎに回し、両方の親指で丁寧に、脛骨《けいこつ》（膝から足首までにある２本の骨のうち、太い方の骨）にある前脛骨筋《ぜんけいこつきん》（膝から下の前面についている筋肉）を外側に向かって押しながら、はがすようなイメージでマッサージしていきます。

2 最初は痛みを感じても少しずつ慣れてくるので何回か繰り返し行ってみてください。

ここがポイント！

マッサージを繰り返して痛みがなくなってきたら、むくみが解消してきたサインです。

外側に向かって筋膜を押しながらはがすイメージでマッサージ

足の親指マッサージで
全身の巡りを良くする

冷え症が気になる、身体の巡りが悪い、と感じるときは、足の親指のマッサージで全身の巡りを整えましょう。

1 右の足の親指を右手の親指で外側から包み込み、回転させてほぐしていきます。

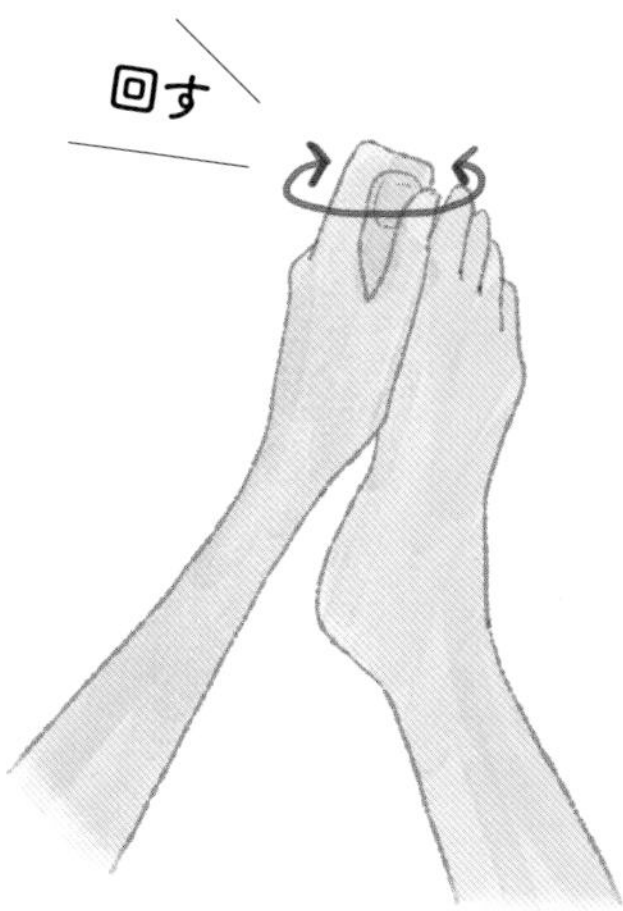

2 ほぐし終わったら、最後に足の指先に向かって引っ張りましょう。

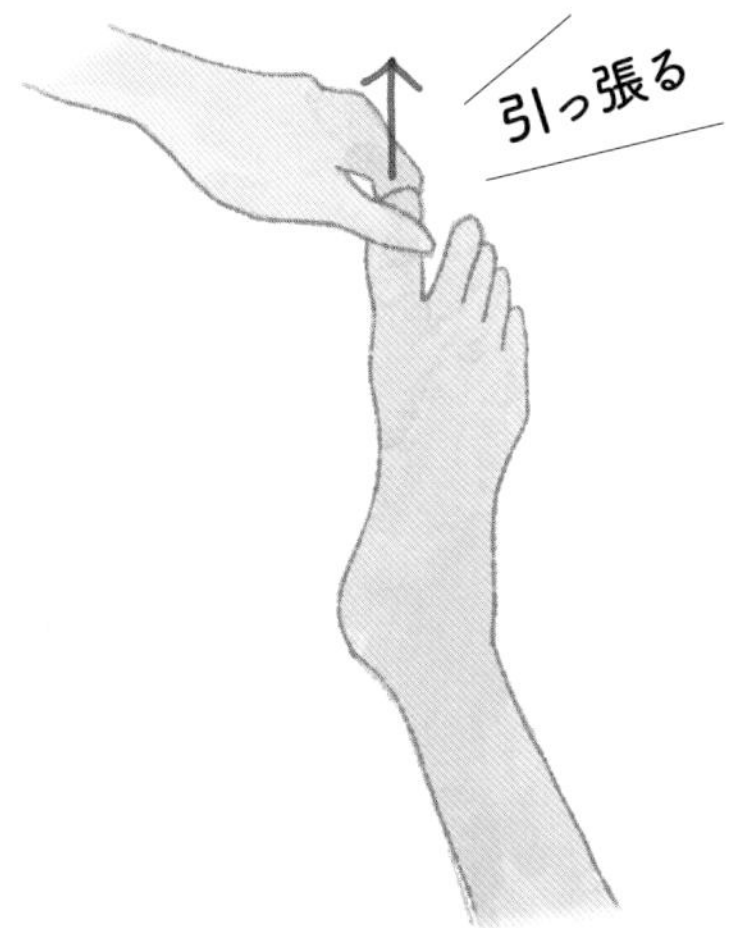

ここがポイント！

グラウンディングができていないとき＝地に足が着いた生き方ができていないときは、全身の血流も悪くなっているはずです。そんなときは、足の親指の付け根を刺激することでグラウンディングを促し、血流から回復させていきます。

寝る前の
デトックスマッサージ

1日の終わりには、その日の疲れや汚れをすべて洗い流しておきたいものです。

リンパの流れに働きかけて、デトックスを行いながらホルモンのバランスを整えて深い眠りにつくためのエクササイズです。

❶ 床に胡座をかいて座り、両足の裏をくっつけてパタパタします。そのとき、鼠蹊部《そけいぶ》が伸びるような感じを意識してください。

❷ お腹が足につくくらいまで身体を前に倒し前屈をしてください。

3 身体を起こしてあお向けに横になり、右膝に左足を引っ掛けます。

4 右足大腿部をお腹の方に引き寄せます。左の臀部《でんぶ》から大腿部の後ろが伸びていることを意識してください。反対側も行います。

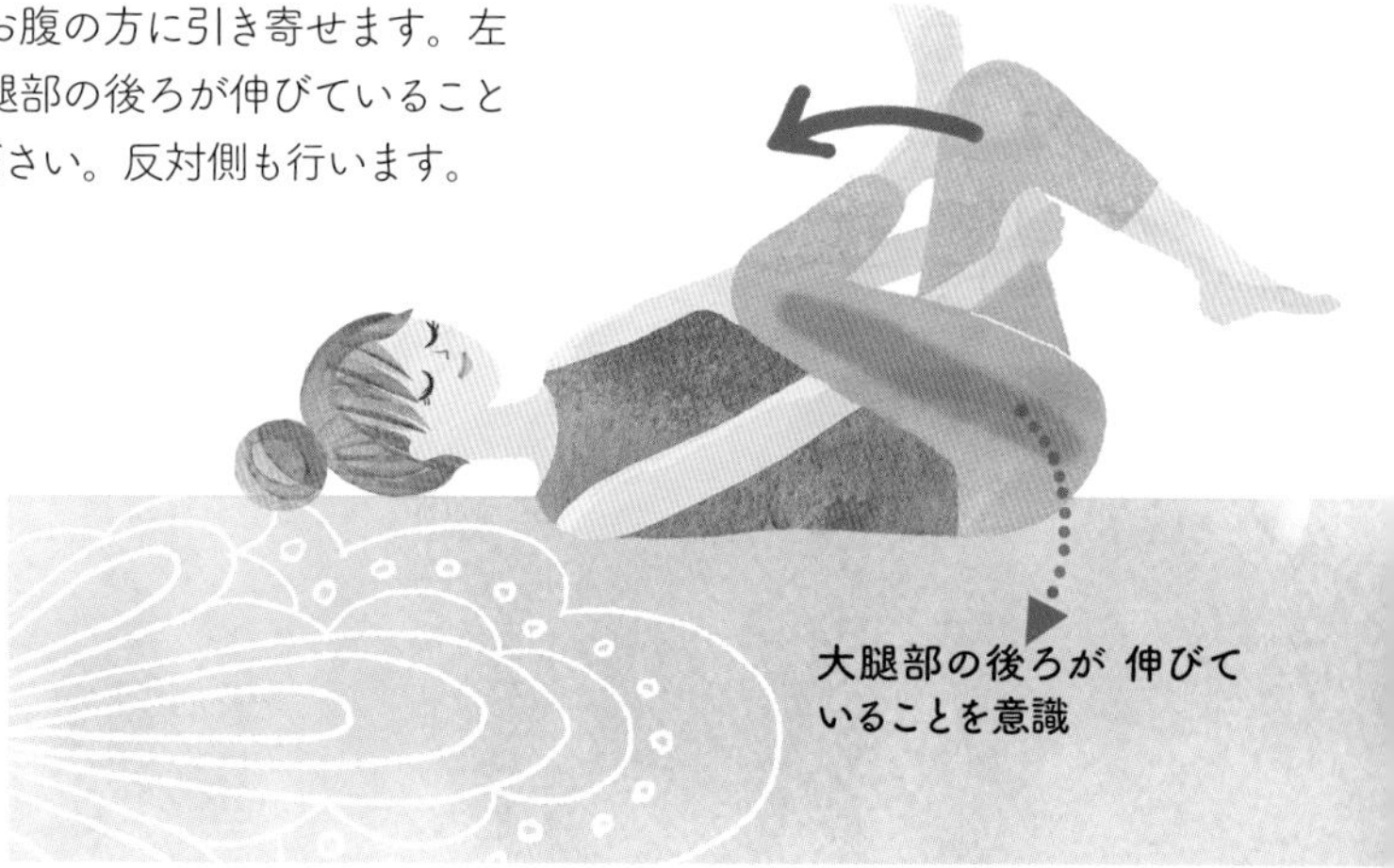

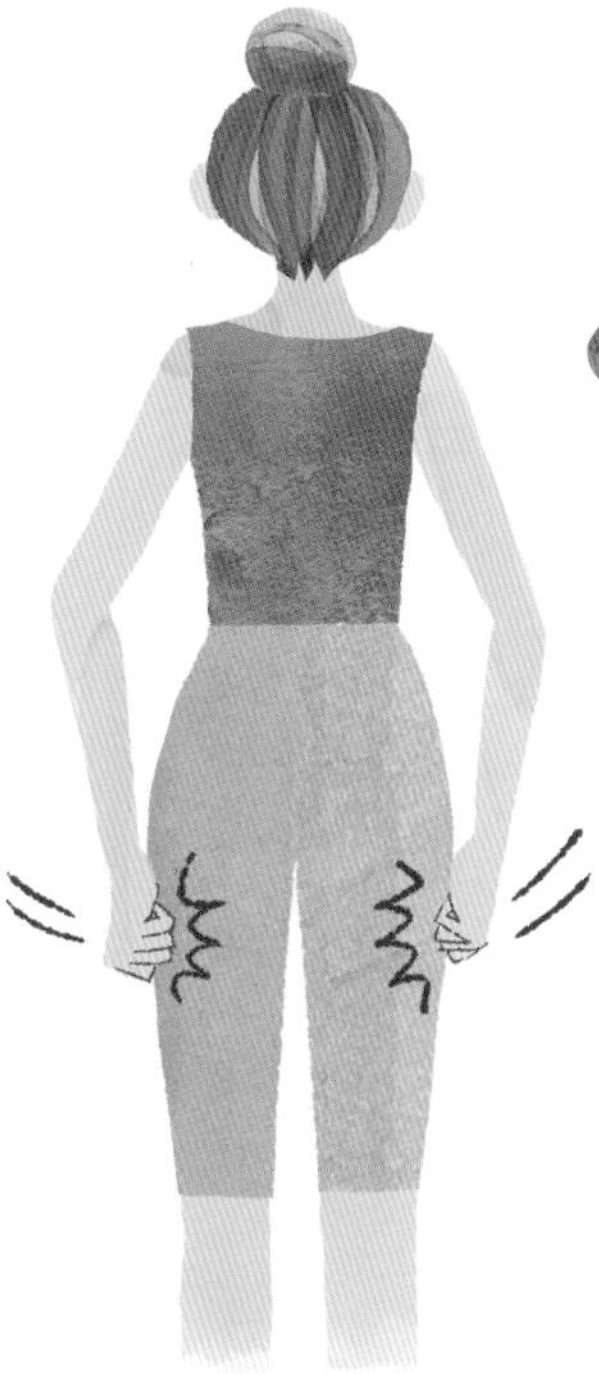

5 ゆっくりと立ちあがり、両手でグーを作りグーの内側の部分で太ももの後ろ側を叩きリンパの流れを促し、その日の疲れも流していきましょう。

Chapter 5

もっと魅力的な女性になるために

～ペレ様からの8つのLesson～

女神でありながらも、
女性であることを忘れないペレ様。
時には、人間の姿を取り化身となってまで、
現実の世界で恋愛を楽しんでいるのがペレ様です。
「女性であることを常に意識することで、
美しさはさらに磨かれる」
と教えてくれるペレ様から、
日常生活の中でふと見落としがちな習慣や、
ペレ様にとってタブーな習慣、さらには、
女性としてもっと幸せになるためのヒントを
教えていただきました。

モテる女性はココが違う

なんだかよくわからないけれど、やたらモテる女性っていませんか？

そんなにセクシーなフェロモンを周囲に振りまいているわけではないのに、常に恋をしてロマンスの花を咲かせている女性がいたりします。

実は、ペレ様こそ、まさに「恋多き女」の1人でもあるのです。

「恋をしたいのに、出会いの機会もないし、周囲にはいい相手もいない……」

そんな言い訳をする女性たちに、ペレ様は「まずは、あなたが恋のスイッチを自分で押さなければ、何もはじまらないわよ！」と喝を入れます。

そうなのです。やはり、「お相手がいない」という女性は、現在の状況をあえて自分で好んで選び、その環境に自ら安住していることに気づくべきです。

まずは、そこから抜け出さない限り、恋は生まれません。

その次に、ペレ様のアドバイスとしては、「自分の情熱を行動で表現してみなさい」ということです。

好きな仕事や趣味に情熱を傾け、一心にそのことに打ち込んでいる姿は、その人の魅力を最大限に周囲に伝えることになります。

恋活をしている人ほど、仕事をおざなりにせず、逆に自分の仕事や趣味に思い切り情熱を傾けてみてください。

他には、次のようなヒントを教えてくれました。

モテたかったら、〝甘え上手〟になりなさい

恋をしてしまうと、何かと相手の世話を焼きはじめたりする人が多いのですが、相手から世話を焼かれるのが苦手な人もいるようです。

けれども、恋の達人であるペレ様は、女性が自立して何でも自分でやってしまうと、一人で生きるのが上手になってしまうので、「甘え上手になりなさい」と語ります。

つまり、ペレ様の言う甘え上手とは、相手に少しだけ依存しながらも依存しすぎない、という心地よいバランスのとれた関係を構築することです。

パートナーシップとは、ほどよい持ちつ持たれつの関係があってこそ成立するので、自立しすぎずに、ちょっぴり「甘え上手」を目指しましょう。何よりも、他の人にお世話をしてもらうことを自分に許しましょう。

指先、足先にまで意識を向ける

指先の美しい人はそれだけで魅力的ですが、「指先、足先にまで意識が向けられる人は美しい」というのがペレ様の考え方です。

指先、足先にまで意識が向けられるということは、繊細かつ細かいところにまで神経が行き届く人、ということなのです。

また、エネルギー的な観点から言えば、その人のエネルギーは指先から相手に伝わっていくのです。

そこで、もっと指先、足のつま先を意識してみましょう。

たとえば、普段はネイルケアをしない人も、まずは、爪を整え、指先にピンク系のネイルを塗ってみるだけでも、恋愛運がアップするはずです。もちろん、足の指のケアも忘れずに。

パートナーシップがマンネリ化したらどうする？

一方で、パートナーがいても長年一緒にいると、２人の関係がマンネリ化してしまう、という人もいるようです。

かつてはアツアツだったお相手とも、常に一緒にいたり、家族になってしまったりすると、恋心なんてすっかり消えてしまうのも当然かもしれません。

けれども、ペレ様はパートナーとの関係において、２人の愛の絆が強ければ強いほどお互いの老化も遅く、いつまでもイキイキ美しくいられる、と語ります。

せっかくご縁があってパートナーになった方とは、いつまでも仲良くお互いが高め合える関係が維持できるのが一番ですね。

では、すでに関係が冷めてしまったり、すれ違いが起きてしまったりしているカップルの場合は、どうすればいいでしょうか？

その対策として、ペレ様は「肌を合わせていきなさい」と語ります。

これは、お互いの肉体を合わせるという〝セクシャル〟な意味ではなく、相手の肌に近いものや相手が肌身に着けるものを心を込めて扱う、ということです。それがペレ様には「肌を合わせる」

ということになるのです。

たとえば、次のようなやり方があります。

・毎朝、相手のベッドや布団、シーツなどの寝具を丁寧に整える。
・相手の下着や衣類など身に着けるものを丁寧に扱う。
たとえば、シャツに丁寧にアイロンをかけたり、丁寧にたたんで収納したりする。

ここでのポイントは、相手が肌身に着けるもの、相手の肌に近いものを「丁寧に扱う」ということです。
すでに秋風が吹いてしまっている関係も、この方法を試すと、自然とお互いに意識が向き合うようになり、以前のように2人の関係も再燃するはずです。

他にも、相手の食事の好みに合わせていくのも効果的です。
相手の好きな食べ物や好きな味付けに合わせていく、ということは相手のエネルギーとつながる、ということでもあるのです。

最後に1つ、パートナーシップの絆を深めるエクササイズをご紹介しておきましょう。

～もう一度、ロマンティックな関係に～
「２人の気を練る」エクササイズ

1 自分とパートナーが向かい合わせになっている状態をイメージします。

2 次にお互いの丹田からエネルギーが出てきてお互いの距離の間で混ざり合い、エネルギー状のボールができることをイメージします。

3 そのエネルギーボールを半分ずつにして、お互いの丹田に入れるイメージをしてみましょう。

お互いの丹田からエネルギーが出て、中央でエネルギー状のボールができる
エネルギーボールを半分ずつにして、お互いの丹田に入れる

もし、パートーナーシップの関係においてちょっとマンネリ化したな、とか２人の関係に悩んでいる方がいるなら、これらの方法を、ぜひ１週間試してみてください！

きっと、うれしい結果が期待できるはずです。

エゴや我欲を手放すことと怠ることは別

スピリチュアルの世界にハマっている人によくあるのが、自分の内側にばかり意識がいくことで、外側に意識が向かなくなっている人です。

実はこの私も、スピリチュアルの世界を探求しはじめた頃はそんな1人だったのです。

ある日、ペレ様のご自宅に伺った時のことです。

突然、ペレ様が私に言葉を投げかけてきました。

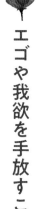

「どうして、そんなにやつれているの？　それじゃ、何も形にできないわよ！」

私はペレ様に会うために、瞑想や禊《みそぎ》をして、ベストな状態でペレ様のもとを訪れたつもりでいました。

ところが、そんな私がペレ様にはやつれて見えたらしいのです。

ペレ様はこうも続けました。

「オーラをケアする方法はもう教えたわよね？　あなたが放つオーラが濃厚で輝きがあると、幸せを引き寄せられるのよ。でも、そんなオーラの状態を保つには内観だけではダメ。まあ、そもそも、内観が本当に深くできている人は、外側も美しいのだけれどね」

とのことでした。

要するに、「内側だけでなく、外側にも意識を向けないと美しいオーラにはならない」、ということなのです。

本来なら、私たちが自分の内側の追求をするのは、より楽しく、より幸せな人生を送るための内観だったはずです。

けれども、内面を追求するあまり、自分の外面に意識を向けなくなってしまうことは、あってはならない、とペレ様は教えてくれたのです。

確かに、私のビジョンの中で現れるペレ様は、神々しい姿であると同時に実際にとても美しい女性の姿をしています。

また、ペレ様が人間の形を取ってこの世界に現れる際には、美しい姿で人間界を満喫して、あちらの世界にお戻りになるといわれています。

考えてみると、メイクをする際やヘアサロンで髪を切ってもらっている瞬間など、外見に意識を向けている時って、なんとなくワクワクする気分になっていませんか？

そんな気持ちからもオーラが変化して、輝きを増していくのだと思います。

自分の内側にこだわる人こそ、まずは、外見を整えることを忘れずに。

モノの引き寄せは「明確に」、でも、美の引き寄せは「大まかに」

いわゆる「引き寄せの法則」をトライしたことがある人も多いはずです。

ペレ様は、何かを引き寄せたいときのコツとして、「引き寄せたいモノや事柄は、できるだけ詳細にオーダーした方がいい」と語ります。

たとえば、あなたが新しいコートを1枚手に入れたいとします。

そんなとき、「素敵なコートが見つかりますように！」とただ願っているだけでは、エネルギーが分散してしまい、望むコートもあなたの元になかなか引き寄せられません。

けれども、「明るいブルーのコートでファーが付いていて、ボタンが3個以内で、羽織ったときに着心地のよいコートが見つかりますように！」とコートの詳細までオーダーすると、そんなコートをきちんと手元に引き寄せやすいのです。

当然ですが、夢や目標もぼんやりとしたリクエストより、より具体的で詳細なリクエストの方が叶いやすいと言えるでしょう。

ところが、「美しさ」の引き寄せは、そういうわけにはいかないようです。

あるとき、私はこんな体験をしました。

私があこがれている、ある有名なインフルエンサーの女性がいました。私はその方の外見にあこがれていたので、その方の姿を自分の意識の中にダウンロードしたことがありました。


すると、あろうことか、その日の夜から自分の食の好みに変化が出はじめたのです。

さらには、翌朝になると、普段はめったに起きない感情の起伏が出はじめました。

そんな突然の変化の連続に、自分が自分でなくなったような感覚に陥ってしまいました。

要するにこの時、どうやら私は〝あこがれの人そのもの〟をダウンロードしてしまったのです。

つまり、「その人の外見の美しさ」だけでなく、「その人の内面」までもが、私の中にダウンロードされてしまったのです。


そんな私の様子を見ていたペレ様が声をかけてきました。

「あのね、自分の元にモノや事象を引き寄せることと、内側から自分を輝かせて美しくなることは別モノなのよ。両方とも引き寄せに見えても、この2つはエネルギーの流れる方向が逆なのよ！オーラを濃厚、かつ輝くようにしたいなら、まずは自分の内側にある無限の力を信じること。そして、こうなりたいという大まかなイメージを持った方がバランスよく〝美〟を手にできるのよ」

とのことでした。

女性なら、女優やモデルさんなど美しい人を見ると、ついついあこがれてしまうものです。

けれども私たちは、「あこがれているその人自身」になる必要はないのです。


特に、美しさは〝引き寄せる〟ものではなく、内側から放射するものである、ということを私もこの時、改めて学び直したのです。

謙遜する言葉を用いない

「そんなことないです！」

「いえいえ、とんでもない！」

このような表現は、私たち日本人がしょっちゅう使っている言葉ですね。

私たち日本人にとって謙遜は美徳であり、また、礼儀のようなものとされています。


特に女性の場合なら、「キレイですね」「可愛いわね」「すてきね」などと他の人からほめてもらったとしても、「いやいや、そんなことは……」とか「全然そんなことないです！」と謙遜しながら言葉を返している人も多いことでしょう。


けれども、ペレ様は「それは絶対にやってはダメよ！」と言います。

なぜなら、せっかく相手から褒められたり、ポジティブなことを言われたりしているのに、あなたは謙遜しながら、「そんなことないです」とそのことを自分で否定してしまっているのです。


つまり、あなたがもし、「すてきですね！」と言われて「いやいや、そんなことないです」と否定形で答えると、あなたは本当に、自分で否定した通りに「すてき」ではなくなっていくのです。

けれども、「ありがとうございます！」と肯定形で答えると、あなたは自分で美しさを認め、さらに美しくなっていけるのです。


日本もハワイも「言霊の力」を重んじています。

日本には「祝詞《のりと》」、ハワイには「チャント（詠唱として祈りを捧げる様式）」があるように、言葉はリアルな現実を生み出すための最強ツールなのです。

実際に私も言霊のパワーを意識しはじめるようになってからは、自分が発するネガティブワードの使用率は下がり、ポジティブワードの使用率が上がってきました。

日々の生活の中でポジティブワードを意識するだけでも、美容面への効果をひしひしと感じています。

実際に、私がペレ様と対話をする際に、ペレ様から「そんなことないわよ」「いえいえ、とんでもないわ」などという謙遜ワードは聞いたことがありません。

そんなふうに自分を認め、自信を持っているペレ様だからこそ、美しいのでしょう。

あなたもぜひ、ポジティブワードだけ使うように心がけましょう。

関節をポキポキ鳴らさない！

あなたは、無意識のうちに身体の関節を鳴らしていませんか？

よく、コリをほぐすためなのか、気分転換なのか、はたまたその人の癖なのか、手の指の関節をポキポキ鳴らしたり、手首、足首、首などをポキポキと音をたてて回したりする方がいますね。

実は驚くことに、ペレ様にとって、このような行為は決してやってはいけないタブーなのだそう。

ペレ様いわく、「骨が鳴る音を出すということはご先祖様への冒涜《ぼうとく》であり、お迎えを促すこと（＝老化を促進する）」なのだそうです。

そういえば、日本では「骨を折る」とか「骨折り損」などという表現もありますね。

ご存じのように、これらの言葉の意味は、「苦労する」とか「苦労したけれど、考えていたような結果を出せなかった」というネガティブな意味です。

実際に、アクシデントや事故で身体の骨が折れると音がしますが、それは同時に「ご先祖様やスピリチュアルガイドからのヘルプを受けられなかった」という意味につながるのだそうです。

確かに、ご先祖様やスピリチュアルガイドが見守ってくれていると、事故やアクシデントが未然に防げたりしますね。


ついつい気分転換やストレッチの合間などに、無意識に〝関節のポキポキ〟を行っている人も多いので気をつけて！

鏡を汚さないこと

女性なら自宅にいくつか必ず鏡を持っているはずです。

「鏡は心の現れ」ともいわれることから、鏡を大切に扱い、ぴかぴかに磨いている人もいるはずです。

どんな人も、「鏡は汚さない」という意識は持っていると思いますが、ペレ様の言う「鏡を汚さない」

という意味には、もう少し深い教えがありました。

ペレ様が言うには、「汚れた鏡に自分を写すと、自分自身のエネルギーを下げてしまう。そして、そんな自分を見ることで、さらに自分に対するイメージを下げてしまう。そうなると、知らず知らずのうちに自己否定へ向かい、負のループを生み出していく」とのことです。

そうなってしまうと、もう鏡さえ見たくなくなってしまうのではないでしょうか。


また、中には鏡にポジティブワードを書いた付箋やメモ紙を貼っている人もいるかもしれません。

実は私も以前やっていたことがあるのです。

ところが、ペレ様いわく、「これもダメ！」とのことです。

ポジティブワードを鏡に貼って毎日付箋やメモ紙を見るよりも、自分の顔をよく見て、「今日もキレイね！」と話しかけた方がよっぽど効果あるとのことです。

確かにその通りですね！

自分の顔に語りかけるからこそ、あなたは美しく変わっていけるのです。

あごを上げてフェロモンのスイッチをオン！

写真を撮る際などにあごを少し下げると小顔効果があることから、ついついあごを下げるクセがついている人もいたりします。

けれども、ペレ様いわく、「歩くときには、あごを下げないで！」とのことです。

実は、あごを下げると姿勢がかがみがちになってしまうのですが、それ以上に、胸腺のフェロモンスイッチがオフになってしまうのです。

反対に、あごを上げて胸腺を開くように意識すると、フェロモンのスイッチがオンになります。

ちなみに、「フェロモンのスイッチがオンになるということはセクシーになるのかな」と思われがちですが、胸腺を開くことで全身の血流が良くなり、エネルギーの循環も良くなるのです。

そうなると、呼吸も深くなり、精神も安定するのでいいことづくめなのです。

あごを上げて、フェロモンのスイッチを押し、胸腺を意識しながら呼吸をすると、魅力度もアップするので恋愛運もアップするとのことです。

ロマンスにも情熱的なペレ様の教えを、ぜひ試してみてください。

ペレ様からのメッセージ

今年の3月にハワイ島へ行き、ボルケーノ国立公園にてペレ様とつながった際に、ペレ様から私に降りてきたメッセージをここでご紹介しておきましょう。

コロナの問題について

今、地球の皆さんにとって最も関心が高いことといえば、やはり今後のコロナの問題がどうなるか、ということではないでしょうか。

これに対してお答えするなら、来年にはなるものの、ある日突然、コロナは沈静化する日が来るようです。

それまでは、気を抜かずにコロナの予防対策をしておいてください。

私のおすすめとして、感染予防にはアロマのミストを準備するとよいでしょう。フランキンセンスやキャロットシードオイルの精油、用意できるならハワイアン・サンダルウッド（通常のサンダルウッドとは違う種類のもの）にご自身の好きな精油をブレンドして、精製水などに混ぜてアロマミストを作り、感染予防をするのも１つの方法です。

１つだけ心配なのは、長きにわたるコロナ禍の影響で、人々のストレスが溜まっていることです。

これによって、この世界にネガティブなエネルギーが流れはじめていることから、まだしばらくの間は、感染者が増加することになるでしょう。

心身のバランスが崩れると、自律神経失調症などの不調をもたらすこともあるかもしれないので気をつけてください。

他にも、今後は想定外のことが起きるかもしれません。

たとえば、このネガティブなエネルギーが地震や自然災害にもつながることもあるでしょう。

そして、気になるワクチンについて。

ワクチンだって生き物です。たとえ、同じ製薬会社のワクチンであっても、時と場合によってワクチン自体が変化したりするものです。

これは、その製品が不安定だからという訳ではなく、ワクチンの波動がその都度変わるのです。

つまり、ワクチンだってコロナのように自由意識を持ち、接種される人を選ぶのです。

このために、ワクチン接種をしたにもかかわらず、一度感染した方が再び感染することもあったりするのです。

ワクチンに関しては、あなたの選択、あなたの波動次第だとお伝えしておきましょう。

Message

パートナーシップについて

これからは男・女という枠を超えたボーダーレスなパートナーシップがはじまるでしょう。

また、エネルギーが引き合うだけで、つまり、性交渉なしで妊娠するような波動を持つ人も増えていくでしょう。

これは、地球の波動が変化していることから、自然界の波動や生き物の仕組みが変わっていくからです。

今、ＬＧＢＴＱ＊が特別ではない時代に入りつつありますが、これからは愛の形やその表現も変わっていくでしょう。

この流れから、今後は性別の違いや格差もなくなり、男女の差は縮まりニュートラルになっていきます。

ということは、「女性だから家にいて家事をしなくてはならない」というような概念もなくなりますが、逆に、これまでなら「女性だから守らなければ……」と男性から大目にみてもらっていたこともなくなるのです。

また、「女性だから男性に養ってもらおう」、などと男性に依存していた女性も痛い目をみるはずです。

このような変化を受けて、これからは家族の形も新しくなっていきます。

とにかく、自分が女性、もしくは、男性であるという前に、まずは１人の人間であるということを忘れないでほしいのです。

＊ＬＧＢＴＱ
セクシュアリティに関して、レズビアン、ゲイ、バイセクシュアル、トランスジェンダー、クエスチョニング／クィア（自身の性や性的指向を定めていない）などを表す言葉やそれに当てはまる人たち。

"自分ファースト"で、新しいコミュニティの中で生きる

生きていく上で大切なことは、「自分に嘘をつかない」ということ。

これからは、何より自分を優先する「自分ファースト」の考え方が大事になります。

でも、私にとっての自分ファーストとは、「自分のために闘うソルジャー（戦士）になる」という意味合いが強いのです。

たとえば、これまでのソルジャーは誰かのために闘ってきたけれど、これからは、自分自身のために闘うソルジャーになる、ということ。自分のために闘うということは、それが自己愛の証にもなるでしょう。

それに、何かを選択する際にも、他の人の意見に惑わされず、自分の意見や直感を信じて選択をしてほしいのです。

そして今後は、そんなソルジャーたちが集う、コミュニティの在り方も大きく変わるでしょう。

これからは、お互いを尊重しながらも、お互いが依存しない人間関係の中で、新しいコミュニティもできていくはずです。

風通しのよい新しいコミュニティでは、自分の意見をはっきり伝え、何でも話し合える

「自立共存」する関係がはじまります。

今後は、本当に縁がある人と真の関係が築けるし、そのような関係しか残らなくなるはずです。

Message

土地の神様の入れ替わりが落ち着くまで食糧難になる⁉

コロナ禍のために、ネガティブな波動が自然界の波動にも影響を与えるとお伝えしましたが、これが同時に、土壌にも影響を与えることになります。

たとえば、農地の野菜がきちんと育たずに粗悪な品質になったり、栄養値が減ったりするようなことも起きてくるはずです。

さらには、将来的に食糧難になる恐れがあるかもしれません。

実は、これに影響を及ぼしているのが、２０２０年から起きている、「土地の神様の入れ替わり」です。

今、地球上の波動が変わることで、土地の神様の入れ替わりが起きていますが、この動きは２０２３年まで続きます。

その土地の新たな神様が腰を落ち着けるまで、土地を守るパワーが弱くなってしまうのです。

その代わり、サイエンスによる水耕栽培の技術などが格段に進化し、より自然に近い野菜の生産などもはじまるはずです。

そんなサイエンスの進化は、次元上昇する地球とそこで生きる人々をサポートしてくれるでしょう。

以上のようなメッセージを受け取りました。

ペレ様が語る将来の予言に少し不安を感じる人がいるかもしれませんが、ペレ様はこうも続けました。

いろいろお伝えしたけれど、何があっても大丈夫よ。

たとえ、あなたがハワイに来ることができなくても、たとえあなたが、日本にいたとしても、私のことを時々思い出してほしいのです。

そして、あなたのいる場所の自然とつながりながら、「目覚めたい!」という意識を持ち続けてください。

私のエネルギーを受け取るためには、身体を冷やさないでください。

なぜなら、あなたの身体が冷えていると、私のエネルギーが伝わりにくいのです。

そのためにも、クリアリングやエクササイズで健康な身体づくりを実践しておいてくださいね。


最後に、次の３つだけは忘れないで。

①自分を信じること。
②自分のためのソルジャーになること。
③自分を愛すること。

この３つができれば、あなたは強く美しく、健やかで内側から光り輝くような人になれているはずよ！

Epilogue

2021年3月、1年ぶりにハワイ島へ向かう機中において、私は感謝の気持ちに満たされていました。

「やっと会える……」

まるで愛するパートナーのもとへかけつけるような、はやる気持ちに心が躍る私は、涙が止まりませんでした。

そして同時に、心のどこかには、ほんの少し不安な気持ちがあったのも確かです。

当たり前のように年に3回は訪れていたハワイ島ですが、ご存じのようにコロナ禍のために、しばらく海外へ渡航することが難しくなっていたこの1年。

果たして、こんなに長く感じられる1年が、かつて私の人生にあったでしょうか。

この1年は私にとって、ハワイ島がなくてはならない存在になっていたことに改めて気づかされた1年でした。


ハワイ島は、私にとって愛するパートナーのような存在です。

この1年は、私はハワイ島との関係を改めて見つめ直す期間になりました。

ペレ様とハワイ島にとって、自分のできる活動をもう一度考えてみたり、そのために、自分のいたらない点を反省してみたりなど、初心に戻って学びの期間にもなりました。

その上で、ハワイ島にこれまで以上に感謝をし、愛する思いを募らせることになったのですが、これまでただ邁進《まいしん》してきた日々を振り返ると、これでよかったのだろうか、という思いもどこかにあったのです。


「ハワイ島は、私を受け入れてくれるかしら……」

1年ぶりのハワイ島訪問に、私は少し緊張をしていました。


それでも、ハワイ島に降りたった瞬間から、懐かしい香りと温かい空気がいつもと同じように私を出迎えてくれました。

そこには、１年前と何も変わらない、愛するハワイ島があったのです。

到着後には早速、ペレ様に会うためにボルケーノへ向かいました。

実はペレ様からは、いつも日本に居ながらもメッセージをいただいているのですが、やはり、ペレ様がいらっしゃる場所で直接会いたい、という気持ちがこみあげてきます。


私にとってペレ様は、ハワイの伝説に存在する女神様ではあるのですが、いわゆる〝神様〟として遠い存在ではありません。

私にとってのペレ様は、その具体的なメッセージや教えなどからしても、畏れ多くも、人間の私がとてもリアルさを感じられる身近な存在でもあるのです。

何より、見た目だけでなく、立ち居振る舞いも含めたすべてがとても美しいのです。

そんなペレ様の姿を見るたびに、「内面から輝く美しさに勝る美しさはない」ということを、いつも再認識するのです。


そして、そのような思いの結晶が、今回の『３分間のクリアリングでキレイになる！ おうちにいながら大自然とつながるハワイアンペレズメソッド＆エクササイズ』として完成しました！

あなたも、１日にたった３分間のクリアリングで、内側から輝くペレ様のようになれるのです。

本書の中でもお伝えしていますが、私がエステティック業界における25年のキャリアの中で、多くの施術を通して導き出した答えが、内面から輝く「真（MAKOTO）の美しさ」の大切さです。

そんな〝真の美しさ〟を手にできるワークやエクササイズ、考え方のすべてをこの本に詰め込みました。

自宅で過ごす時間を余儀なくされる今、自粛モードや不安な状態が続く現状を受けて、いつもなら、どんなにポジティブな人でも落ち込んだり、へこんだりすることがあるのではないでしょうか。

そんなときこそ、ペレ様直伝のエクササイズの数々を試してみてほしいのです。

きっと、たったの3分間で心と身体がすっきりリフレッシュするだけでなく、あなたもペレ様とつながることができるはずです。

そして、真の美しさに一歩近づけるはずなのです。

最後に、この本の出版を実現してくださった（株）VOICEの大森社長、ライター・編集の西元さん、イラストの藤井さん、デザインの染谷さん、校閲の野崎さん、いつもサポートしてくれる当社のスタッフ、友人たち、そして、どんなときも私を見守ってくれる家族に感謝の気持ちを捧げたいと思います。

さあ、今ここから3分間のクリアリングをはじめて、新しいあなたに会いにいきましょう。

もちろん、この私もクリアリングを続けながら、美しさを磨いていきたいと思います。

そしていつの日か、内側から輝く真の美しさに目覚めたあなたと出会える日を楽しみにしています！

――さわやかな7月の風が吹き抜けるハワイ島の空気を日本でも感じながら

宮田多美枝

Profile

宮田多美枝 Tamie Miyata

エステティック・ヒーリングサロン「SHRINE」「ALOHILANI」代表兼クリアリングマイスター、ビューティーチャネラー。外側からの美しさと内側からの美を融合させた新しい形での「人間の真の美しさ」を提供するサロンを経営する傍ら、これまでハワイにおいてセミナーを約30回以上開催し、女神ペレ様とつながりながらクリアリングの大切さやペレ様のメッセージを伝えている。エステティシャンとしての25年間に及ぶキャリアの中で、施術・セッション総数はのべ1万人以上。クライアントに対し、3か月で物事を多面的に捉える力を育むオリジナルメソッドの「ノアワーク」のセミナーには、のべ500名以上が参加。「人間の真の美しさ」の追求を通して、人々がより幸せで豊かな人生を送るためのお手伝いに人生を捧げている。

3分間のクリアリングでキレイになる！

おうちにいながら大自然とつながる ハワイアンペレズメソッド&エクササイズ

2021年8月15日　第1版第1刷発行

著　者　宮田 多美枝

編　集　西元 啓子
イラスト　藤井 由美子
校　閲　野崎 清春
デザイン　染谷 千秋（8th Wonder）

発行者　大森 浩司
発行所　株式会社 ヴォイス　出版事業部
〒106-0031
東京都港区西麻布3-24-17 広瀬ビル
☎ 03-5474-5777（代表）
☎ 03-3408-7473（編集）
FAX 03-5411-1939
www.voice-inc.co.jp

印刷・製本　株式会社　シナノパブリッシングプレス

ISBN 978-4-89976-518-9